KB195699

틀려라,
트일 것이다

김지안 지음

틀려라,

LOW-EGO PROFESSIONALISM

트일 것이다

'스픽'의 겸손한 천재들이 따르는
특급 성공 공식

whale books

추천의 글

저는 스픽의 비공식 사관으로서, 지안이 지금의 스픽을 만든 이
놀라운 여정을 이토록 생생하게 기록해 낸 것에 실로 깊은 감명
을 받았습니다. 우리가 한국을 첫 진출국으로 결정했을 때 실리
콘밸리에 있는 모든 사람들이 제정신이 아니라고 했습니다. 당
시 우리는 한국에 아무런 연고도 없었으니까요. 그리고 그 결정
을 실행하는 과정에서 수많은 도전이 이어졌습니다. 저는 한국과
실리콘밸리의 정신을 연결하고, 두 지역을 아우르는 통합된 팀을
구축한 것이 스픽의 강력하고 독특한 문화를 만들 수 있었던 비
결이라고 믿습니다. 이 책이 부디 독자들에게 유용하고 의미 있
는 정보를 선사하길 바랍니다. 이 책은 오랜 시간 동안 위대한 목
표를 향해 끊임없이 도전한 끝에 얻어낸 귀한 결과물이기 때문입
니다.

_코너 즈윅 (스픽이지랩스 CEO)

이 책은 나에게 '설렘'이라는 '첫사랑의 기억'을 소환해 주었다. 구글에서 일하면서 느꼈던 바로 그 설렘이다. 하루하루가 두근거리는 그 느낌, 에너지이자 바이브Vibe다. 로우 에고의 자신감과 겸손함이 있는 문화, 틀려도 되는 문화, 서로의 다름에서 배우려는 호기심 문화. 이런 문화가 있는 스픽에 대한 사랑이 꿀같이 뚝뚝 떨어진다. 그런데 이 책은 그 이상이다. 저자는 회사에 대한 '꿀뚝뚝 자랑'을 넘어서 우리 모두가 당장 실천할 수 있는 배움을 전해준다. 경험을 바탕으로 한 줄 한 줄 깨알같이 박혀 있는 전략적 마케팅 팁들은 실전적이고 실제적이다. 마케터로, 커뮤니케이터로 30년을 보낸 나조차도 손으로 핵심을 적어가며 기본기를 되새겼다. 마지막으로, 행간에서 익히는 영어 공부의 중요성은 "승진하려면 영어공부 해라" 같은 구호보다 100배 세다.

_정김경숙 (한미그룹 브랜드본부 부사장, 전 구글 커뮤니케이션 디렉터,
《구글 임원에서 실리콘밸리 알바생이 되었습니다》 저자)

영어에 대한 갈증이나 마음의 짐을 느끼는 이 중에 스픽 앱을 모르는 사람은 없을 것이다. 회사원으로서 스픽은 또한 실리콘밸리, 유니콘 기업 같은 꿈의 단어들로 수식되는 매력적인 기업이다. '틀려야 트인다'라는 스픽의 유명한 마케팅 슬로건처럼, 이 기업의 인재상은 맞고 틀리는 데 의미를 두기보다 틀리면서 트이는 데 집중할 줄 아는 '로우 에고'들이다. 자존감을 내세우지 않는 '로우 에고' 상태에서 어떻게 '프로페셔널리즘'을 장착하고 성과를 이끌어내는지 이 책은 저자의 스토리에 곁들여 실전 템플릿까지 친절하게 낱낱이 보여준다. 무엇보다 젊고 창의적인 방식으로 일하는 조직 문화를 간접 체험해 보기에 이보다 더 좋은 책은 당분간 없을 것 같다.

_김성준 (시몬스 브랜드전략기획부문 부사장, 《소셜 비헤이비어》 저자)

스픽의 성장이 세간의 이목을 끌고 있다. 오픈AIOpenAI와 실리콘 밸리의 기라성 같은 창업가들이 투자에 참여했고, 유니콘 기업이 되었으며, 수십 년간 변하지 않던 영어 교육을 혁신하며 한국을 넘어 아시아 시장을 선도하게 되었다. 하지만 이 책이 담아낸 것은 그 성과의 이면에 있는 스픽만의 문화다. 탁월한 성장을 만들어낸 스픽의 일상은 참 수더분하다. 성취에도 자만하지 않고, 난관 앞에서도 유머를 잃지 않으며, 실패도 담담히 받아들인다. "우리는 참 이상하다"라는 말이 우리의 입에 늘 붙어 있다. 급성장하는 스타트업치고는 겸손하고, 실패해도 명랑하다. 저자는 이 독특한 문화를 가장 가까이에서 관찰해 온 사람 중 하나다. 마케터로서, 또 동료로서, 우리가 사랑한 이 '이상함'의 실체를 섬세하게 포착하고 글로 정리해 냈다. 이 책은 단순히 스픽의 성공 스토리를 기록하는 데 그치지 않는다. 조직이 성과와 행복을 동시에 추구할 수 있는 방법을 생생히 보여준다.

정正과 반反의 이분법을 넘어설 때 합合의 새로운 단계가 시작된다. 우리 사회는 오랫동안 성과를 위해 모든 것을 내던지는 허슬 문화를 미덕으로 삼았고, 이에 지친 젊은 세대는 자유로운 삶을 갈망하며 경제적 자유와 디지털 노마드를 동경한다. 조직화된 성공이라는 틀에서 벗어나고자 하는 반작용이다. 스픽의 문화는 이 이분법을 뛰어넘는 희망을 보여준다. 치열함과 유쾌함이 공존하고, 탁월함과 다정함이 자연스럽게 어우러지는 우리의 이상한 일상을 진심으로 사랑한다. 이 책이 당신에게도 일을 다시 사랑할 수 있다는 희망을 선물하길 바란다.

_홍연승 (스픽이지랩스 코리아 지사장)

새로운 시도 앞에서
틀릴까 봐 망설이고 있다면

2021년 12월, 나는 영어 교육 업계의 성수기 중 성수기인 1월이 어떤 의미인지도 모른 채 스픽에 그로스Growth 마케터로 입사했다. 말로만 듣던 실리콘밸리 기업, 스티브 잡스 전기에서나 보았던 하버드를 자퇴한 파란 눈의 대표, 어딘가 프로페셔널해 보이는 영어 문서들 앞에서 나는 잔뜩 '쫄아' 있었다. 경력직으로 이직한 만큼 뭔가를 보여줘야 한다는 압박감에 매일 시달렸다. 머리에서만 맴돌고 입 밖으로 나오지 않는 영어를 원망하고, 일주일에 한 번 돌아오는 미팅을 기회 삼아 나의 능력을 인정받기 위해 애썼다. 하지만 그럴수록 일하는 것이 지옥 같아졌다. 모든 미팅은 나를 평가하는 오디션 현장이 되었고, 회사는 사무실 문이 덜컥 잠기고 나면 무조건 싸워 이겨야 하는 격투기장이 되었다.

그동안 내가 쌓아왔던 모든 생존 전략이 완전히 무너진 순간이었다. 그리고 감사하게도 나는 지난 3년간 스픽의 엄청난 성장 여정에 함께하면서 이들의 생존 전략을 1열에서 직관하는 행운을 누렸다. 스픽의 생존 방식의 핵심은 '로우 에고 프로페셔널리즘Low-ego Professionalism'에 있었다. 로우 에고는 스픽의 대표인 코너가 스픽의 인재상을 물었을 때 가장 먼저 꼽은 단어로 자신이 틀릴 수도 있음을 받아들이고 자신을 규정하는 에고로부터 자유로워진 상태를 의미한다(더욱 자세한 내용은 본문에서 확인하시길).

로우 에고라고 하면 왠지 낮은 자의식과 낮은 자신감을 가진 것만 같아 부정적인 느낌이 먼저 든다. 그래서일까? 세상은 자꾸 하이 에고High-ego를 가지라고 말한다. 자신을 쿨하게 드러내고 모두로부디 사랑받아야만 살아남을 수 있다고. 그런데 끊임없이 나를 증명하고 모두가 자신의 에고를 부풀려야만 살아남을 수 있다면, 그런 일상은 너무 피로하지 않을까? 우리가 어릴 때 그러했듯 그저 나인 채로 사랑받고, 더 큰 성취를 이룰 순 없는 걸까?

* * *

스픽은 나에게 이 질문에 대한 답을 실시간으로 보내 왔다. 자기 자신을 드러내는 데는 큰 관심이 없고, 쉬는 시간 엔 파란 소파에 널브러져 실없는 소리나 하는 것을 가장 좋아 하는 우리가 서비스 출시 5년 만에 누적 1000만 다운로드, 40개국 론칭, 기업 가치 1조 4000억 원에 달하는 유니콘 기업에 등극한 데는 분명 비법이라 할 만한 것들이 숨어 있었다. 그리고 나는 이들의 비법을 스픽의 사관史官이 되어 낱낱이 기록하기로 했다.

나는 스픽의 대표도, 브랜딩 담당자도 아니다. 그저 스픽의 지난 모든 성장의 여정을 함께하고 목격한 실무자일 뿐이다. 그런 내가 만약 스픽의 대필 작가가 되어 스픽을 멋지게 소개하는 책을 써야겠다고 마음먹었다면 단 한 글자도 쓰지 못했을 것이다. 나는 이 책이 스픽을 포함해 그 누구도 치켜세우는 책이 되지 않길 바랐다. 스픽의 브랜딩이니 글로벌 기업의 화려함 같은 것은 모두 걷어내고 '스픽은 진짜 어떻게 일을 하는가?'에 대한 답을 찾고, 스픽을 성공으로 이끈 생존 전략과 성장 전략을 철저히 실무자의 관점으로 기록해 두고 싶었다. 창업자의 관점으로 서술되는 많은 기업 이야기에서도 배울 점이 수두룩하지만, 그 일을 실제로 실행하고 결과를 만드는 실무자라면 더욱 현장감 넘치고 처절한 이야기를 할 수 있을 것 같았다.

그렇게 나는 스픽이 말하는 로우 에고 프로페셔널리즘이란 무엇인지(1장), 하이 에고를 외치는 세상에서 로우 에고 프로페셔널리즘으로 살아남기 위해 스픽이 선택한 생존 전략은 무엇인지(2장), 그리고 생존을 넘어 압도적인 성장을 위해 갖추어야 할 세 가지 DNA는 무엇인지(3장)를 하나의 책으로 묶어낼 수 있었다.

이 책을 쓰는 동안 나는 철저히 K-직장인이었다. 영어 미팅에서 날 선 질문 폭격이라도 받은 날에는 책을 쓰기로 한 것을 후회하기도 하고, 1년 중 가장 바쁜 연말에는 퇴근하고 나면 회사에 대해 고양이 앞니만큼도 생각하고 싶지 않았다. 하지만 그럼에도 불구하고 나는 이 기록을 포기하고 싶지 않았다. 나를 괴롭게 하는 이 치열함과 그들의 지독함 속에서 내가 끊임없이 배우고 성장했음은 부정할 수 없었기 때문이다. 스픽을 통해 개인으로서는 만날 수 없는 훌륭한 동료들을 만나고 그들과 틀림과 수정을 끊임없이 반복하며 이만큼 성장한 것은 분명 나에게 일어난 가장 큰 행운이었다.

나는 사소한 비유, 지나가는 작은 이야기 하나만으로

도 세상의 이치와 진리를 깨닫는 게 사람이라고 믿는다. 그리고 내가 쓴 책의 내용이 아니라 이 책을 집어 들게 만든 당신 마음속의 간절함이 당신을 구원하리라 믿는다. 오늘도 새로운 시도 앞에서 틀릴까 봐 머뭇거리는 무명의 도전자들에게, 배울 수만 있다면 귀동냥을 해서라도 성장하고 싶은 목마른 사슴들에게 나의 이야기와 응원을 함께 보낸다. 내 이야기가 여름 산행 중 만난 약수처럼 그들의 갈증을 조금이라도 해소해 줄 수 있다면 더할 나위 없이 기쁠 것 같다. 건투를 빈다.

2025년 2월,
성수동 스픽 사무실, 파란 소파에서
김지안

차례

3장   로우 에고 프로페셔널리즘의 성장 전략 🔥

━━━━ 가시성

4장   로우 에고 프로페셔널리즘의 실전 문서 템플릿   🔥

로우 에고 프로페셔널리즘을 이루는 한 축은
높은 자존감High-self esteem이다.
이 자존감은 타고난 것이라기보다
성취를 통해 쌓아 올린 자존감이다.

한편, 스픽이 제시하는 로우 에고는
단순히 자신을 낮추는 방식을 가리키지 않는다.
오히려 자신의 한계를 벗어던지고 더 자유로워진 상태에 가깝다.

스픽의 CEO 코너는 스픽의 인재상이
'로우 에고를 가진 사람'이라고 말하며
그것은 곧 '내가 틀릴 수도 있다는 사실을 인정하는 사람'이라고 정의했다.

1장

로우 에고
프로페셔널리즘과의
첫 만남

FIRST MEETING WITH
LOW-EGO PROFESSIONALISM

스픽에서 만난
로우 에고 프로페셔널리즘

　　만약 당신이 '스픽이 뭐라고 책을 냈어?'라며 스픽을 인터넷에 검색한다면 다음과 같은 이야기들을 만날 것이다. 인공지능이 지금처럼 유명해지기 전인 2019년, 머신 러닝을 통한 음성 인식 모델을 개발해 원어민 선생님 없이도 언제 어디서나 영어로 말하기 연습을 할 수 있도록 한 영어 스피킹 앱. 오픈AI CEO인 샘 알트먼Sam Altman, 실리콘밸리의 대표 투자사인 파운더스 펀드Founders Fund, 코슬라 벤처스 Khosla Ventures 등으로부터 투자를 받아 서비스를 마켓에 론칭하기도 전부터 실리콘밸리의 라이징 스타로 급부상한 팀. 2020년 초 한국 시장에 론칭한 뒤 1년 만에 100만 다운로드를 돌파하더니 그로부터 3년 뒤인 2024년에는 40여 개국에서 1000만 명 이상의 사용자를 확보하고, 1조 4000억 원의 기업 가치를 인정받으며 단숨에 유니콘으로 등극한 서비스. 출시 이후 5년간 학습자 수가 매년 두 배 이상 증가했으며, 2024년에는 국민 스타 이효리가 모델로 나서면서 '이효리 앱'으로도 불리는 앱.

맞다. 스픽이 그간 이룬 성과는 '이렇게 해야 유니콘(기업 가치가 10억 달러 이상인 스타트업 기업을 지칭하는 말)이 되는구나'라는 생각이 들 만큼 화려하다. 그리고 나는 2021년 12월 스픽 한국 지사의 그로스 마케팅Growth marketing(데이터를 기반으로 다양한 실험과 최적화를 통해 제품이나 서비스의 성장을 극대화하는 마케팅) 매니저로 입사해 지난 3년간 스픽이 앞에서 열거한 굉장한 일들을 이루어가는 모든 과정에 함께하는 행운을 누렸다. 사람들은 나에게 묻는다. "스픽은 어떻게 그렇게 빨리 성장할 수 있었나요?", "스픽의 빠른 성장에는 도대체 어떤 비결이 있는 건가요?" 나는 그런 질문을 받을 때마다 우리가 저 화려한 숫자를 이루기 위해 시도한 몸부림들을 어디서부터 어떻게 설명해야 할지 몰라 "운이 좋아서요", "프로덕트가 좋아서요"라고 답을 얼버무리곤 했다.

하지만 지금에 와서 곰곰이 생각해 보니 스픽이 여기

까지 올 수 있었던 것은 단순한 우연이 아니었다. 그리고 어느 날 문득, 내가 그간 보고 배운 것을 기록해야 한다는 사명감이 들었다(맞다. 그것은 확실히 사명감이었다). 지금의 자리에서 한 단계 더 성장하고 싶은데, 좋은 경쟁자나 레퍼런스조차 없는 누군가를 위해. 한국을 넘어 글로벌 수준의 팀과 서비스를 만들 각오와 태세가 되어 있는 누군가를 위해. 그리고 내가 뒤도 돌아보지 않고 에너지와 시간을 갈아 넣은 나의 지난 3년의 시간을 위해. 나는 스스로 스픽의 사관史官이 되어 지금의 스픽을 만든 이들이 누구인지, 그들의 성장 공식은 무엇이었는지를 낱낱이 기록하기로 마음먹었다.

하이 에고의 시대

2022년 가을, 스픽 대표인 코너 즈윅Connor Zwick이 한국 지사에 왔을 때의 일이다. 190센티미터의 큰 키에 300밀리미터는 족히 넘어 보이는 커다란 발, 파란 눈을 한 코너가 회의실의 작은 문을 열어젖히며 들어왔다. 그날은 스픽의 한국 인스타그램 계정을 운영하는 브랜드 마케터 두현이 코너를 인터뷰하는 날이었다. 두현은 코너에게 첫 질문으로 스픽의 인재상이 무엇이냐고 질문했다. 나는 그 질문을 듣자마자 벌써 주눅이 들었다. 코너가 '똑똑함'이나 '창의성'처럼 나오는 거리가 먼 대답을 할 것이라고 생각했기 때문이다. 하지만 코너는 두현이 질문에 대한 부연 설명을 마치기도 전에 의외의 대답을 내놓았다. '로우 에고'를 가진 사람이 스픽의 인재상이라는 것이었다.

에고는 일반적으로 자아 또는 자기의식을 의미한다. 에고를 통해 우리는 스스로를 인식할 수 있고, 에고는 자신을 타인과 다른 존재로 구분하는 데에 중요한 역할을 한다. 명상에서는 에고가 나라는 존재를 특정 대상(직업, 나이, 성별, 내가 소유한 것)과 동일시하고 모든 상황에서 '나'를 말하고 싶어 하는 우리 안의 존재라고도 일컫는다. 그런데 하이 에고도 아닌 로우 에고라니. 코너에게서 처음 '로우 에고'라는 말을 들었을 때, 내게는 그 단어가 부정적으로 다가왔다. 자신을 한없이 낮추는 사람, 낮은 자존감에 자격지심까지 가진 사람이 떠올랐기 때문이다. 하지만 코너가 말한 '스픽의 로우 에고'를 이해하는 데에는 그리 오랜 시간이 걸리지 않았다.

회의실을 빠져나와 코너가 말한 로우 에고의 의미를 곱씹을수록 마음 깊숙한 곳에 호랑이 연고를 바른 듯한 시원함이 밀려왔다. 나는 당시 '하이 에고'를 강요하는 세상에 피로감을 느끼고 있었다. 매일 유튜브에는 '한 달 만에 억대 매출을 달성한 CEO', '퇴사하고 한 달에 1천만 원을 번 직장인', '나만 모르는 성공 비법' 등의 카피를 내건 각종 영상들이 쏟아졌다. 매일 밤 퇴근 후 소파에 누워 한없이 핸드폰 화면을 쓸어내리다가 결국 섬네일의 유혹을 이기지 못하고 그들이 말하는 인생의 진리에 기웃거렸다. 하나같이 자신감 넘치는 얼굴을 하고 있는 그들이 하는 말은 왜 그렇게도 정답일 것만 같았는지. 모든 사람이 '내가 맞다'라고 말하는 이 세상이 이상하게 느껴지면서도 나라고 별수가 있는 게 아니었다. 더 나은 나, 더 나은 삶을 위해 이 시대의 생존 전략을 철저히 따랐다. 사회에서 열심히 경쟁하고 남들보다 더 빨리 커리어를 쌓고 자신감이 넘치는 사람이 되면 '미션 클리어!'라는 버저가 울릴 것만 같았다.

하지만 이런 생존 전략으로는 잠깐의 성취만 이룰 수 있을 뿐이었다. 그것은 아주 잠깐의 폭발적인 힘을 만들어낼 뿐 인생이라는 긴 레이스를 완주하기에는 역부족이었다. 에고 자체에는 잘못이 없지만, 나의 낮은 자존감과 불안을 먹고 자란 하이 에고는 내 세상을 경쟁만이 가득한 전쟁터로 만들고 있었다. 스스로에 대한 기대와 환상이 커질수록 일상에서 겪는 부정적인 감정과 실패 경험은 쉽게 받아들여지지 않았다. 그럴수록 나는 더 그럴싸한 에고로 나를 꾸며댔다. 그리고 애써 꾸민 나를 잃지 않기 위해 더욱더 애써야 했다. 낮은 자존감 위에 모래성처럼 쌓아 올린 하이 에고는 점점 매너리즘에 빠지기 시작했다.

하이 에고의 매너리즘에서 벗어나
새로운 생존 방식을 만나다

하이 에고 매너리즘에 빠지자 모든 사람이 마치 구애하는 수컷 공작새처럼 자신의 깃을 있는 대로 세우고 뽐내기에 열중하는 듯한 현상이 피로하게 느껴졌다. 이윽고 나는 내가 참여 중인 모든 게임에 기권 선언을 하고 조용히 인생을 로그아웃하고 싶어졌다. 10년이 넘도록 불변의 생존 법칙이라 여겼던 '하이 에고' 전략에 빨간불이 켜진 것이다. 그때 '스픽'이라는 새로운 경기장이 열렸다. 스픽에 대한 내 첫인상을 한 단어로 요약하자면 '엘리트'였다. CEO인 코너는 여느 천재들의 일대기에 항상 등장하는 하버드 중퇴생이었고, CTO 역시 열세 살에 대학을 갔을 정도로 스픽에는 세상이 '천재'라 부르는 이들이 많았다. 그래서 나는 그들 역시 하이 에고 그 자체일 것이라 생각했다.

　　하지만 내가 스픽에 입사해서 경험한 현실은 그와 정반대였다. 그들에게서 공작새의 깃털 같은 태도는 찾아볼 수 없었다. 오히려 그들은 '낮은 에고'로 지난 5년간 100배 성장이라는 전례 없는 성장 곡선을 만들어내고 있었다. 나는 지금이야말로 기존의 생존 방식을 철저히 버려야 할 때임을 절감했다. 목숨처럼 지켜왔던 생존 방식을 버리고 완전히 새로운 생존 방식으로 갈아탈 때가 된 것이다.

　　낮은 자존감을 먹고 자란 하이 에고는 매너리즘을 낳는다. 하이 에고 매너리즘에 빠지면 낮은 자존감을 채우기 위해 에고를 한껏 부풀려보지만 그것은 장기적인 해답이 되지 못한다. 누구보다 주먹을 꽉 쥐고 열심히 사는데 인생은 더나아지지 않는 것 같고 피로하기만 하다. 그렇다면 '높은 자존감과 높은 에고' 전략으로 가면 되지 않을까? 높은 에고와 높은 자존감은 결과를 만들어내긴 한다. 하지만 낮은 에고와 높은 자존감이 만드는 결과에 비하면 그것은 그저 그런 결과일 뿐이다. 높은 자존감과 높은 에고가 만든 결과가 '되긴 되네' 하는 수준이라면 높은 자존감과 낮은 에고가 만드는 결과는 '이게 되네?'라는 한 차원 높은 수준이다.

　　지금 나는 어떤 가상의 개념을 설명하고 있는 것이 아

니다. 오히려 내가 스픽에서 여러 차례 목격한 사건들에 대한 진술에 가깝다. 처음엔 나도 스픽이 하버드 출신에 어려서부터 영재나 수재 소리를 질리도록 듣고 자란 천재들이 만든 서비스이니 당연히 잘되는 것이라고 생각했다. 하지만 스픽의 성장은 아이비리그 출신들이 많은 미국 샌프란시스코 본사뿐 아니라 첫 글로벌 마켓인 한국, 2023년에 진출한 일본과 대만 등에서도 동시다발적으로 일어나고 있었다.

스픽이 글로벌 기업으로 성장하는 데에 중추적 역할을 했던 서울 팀 구성원들의 경우 아이비리그는 고사하고 국내에서 소위 '스카이SKY'라고 부르는 대학조차 나오지 않았다. 또한 샌프란시스코 본사의 수재들 역시 실제로 만나보면 하이 에고이기는커녕 회사 워크숍에서 빨대로 계란을 지킬 수 있는 구조물을 만들어 떨어뜨리는 에그 드롭 챌린지를 즐기는 (좋은 의미의) 동네 너드nerd들이었다. 그런데 이들은 어떻게 1000억 달러 규모의 온·오프라인 학습 시장에서 혁신을 만들어낼 수 있었을까?

나는 그 이유를 '로우 에고 프로페셔널리즘'에서 찾는다. 로우 에고 프로페셔널리즘이라니 언어유희가 아닌가 싶을지도 모르겠다. 하지만 낯선 개념인 만큼 조금만 더 호기심을 가지고 들여다보자. 내가 그러했듯 이 생존 전략은 당신을 한결 더 가볍고 자유롭게 만들어줄 것이다.

로우 에고 프로페셔널리즘이란?

스픽의 로우 에고 프로페셔널리즘을 이해하려면 '에고'라는 축과 '자존감'이라는 축 두 가지가 필요하다. 먼저 로우 에고 프로페셔널리즘을 이루는 한 축은 높은 자존감이다. 여기서 자존감은 타고난 것이라기보다 성취를 통해 쌓아 올린 자존감을 일컫는다. 이 자존감은 스스로 수많은 실패를 정면 돌파하고 직접 문제를 해결해 냈을 때만 얻을 수 있다. 타고난 자존감이 근거 없는 자신감이라면 스픽이 말하는 높은 자존감은 근거 있는 자존감이다. 타고난 자존감이 신의 선물이라면 스픽의 자존감은 투쟁을 통해 얻어낸 전리품이다.

나는 종종 스픽에서 팀원들이 높은 자존감을 획득하는 과정을 '하수구 뚫기'에 비유한다. 싱크대가 막혀 물이 안 내려가고 당장이라도 물이 넘칠 지경이라고 치자. 이때 자신의 손을 막힌 하수구에 넣어 직접 오물을 건져내는 사람만이 진짜 자존감을 얻을 수 있다. 반대로 가짜 자존감은 끊임없이 타인의 인정이나 칭찬을 필요로 한다. 그래서 가짜로 높은 자

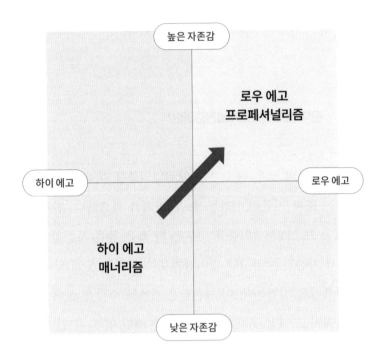

 참조의 글자들:

높은 자존감

로우 에고
프로페셔널리즘

하이 에고

로우 에고

하이 에고
매너리즘

낮은 자존감

높은 자존감과 낮은 에고를 지닌 로우 에고 프로페셔널리즘

존감을 지닌 사람은 늘 속이 시끄럽고 기복이 있다. 하지만 진짜 자존감을 지닌 사람은 놀랍도록 차분하고 고요하다. 누군가로부터 나의 가치를 인정받을 필요도 없고, 그것을 통해 자신을 어떤 대상으로 정의할 필요도 없기 때문이다.

진짜 자존감을 지닌 사람의 내면에는 '나는 어떤 일

틀려라, 트일 것이다 |||

이 생겨도 문제를 해결할 수 있는 사람이야', '여러 시행착오를 겪겠지만 나는 결국 해내는 사람이야'라는 믿음이 중심을 잡고 있을 뿐이다. 그리고 이러한 진짜 자존감은 오직 나만이 나에게 줄 수 있다. 내가 속한 팀은 미친 듯한 속도로 성장하는데 나의 성취감과 자존감은 바닥일 수 있다. 내가 성장에 얼마나 기여했는지, 내가 얼마나 성장했는지를 남들은 몰라도 나는 알기 때문이다. 직접 성취를 통한 높은 자존감, 이것이 로우 에고 프로페셔널리즘의 첫 번째 요소다.

　　로우 에고 프로페셔널리즘의 또 다른 축은 낮은 자의식, 로우 에고다. 여기서 스픽이 제시하는 로우 에고는 단순히 자신을 낮추는 방식을 가리키지 않는다. 오히려 자신의 한계를 벗어던지고 더 자유로워진 상태에 가깝다. 앞서 스픽의 인재상을 묻는 질문에 CEO 코너는 '로우 에고를 가진 사람'이라고 말하며 그것은 곧 '내가 틀릴 수도 있다는 사실을 인정하는 사람'이라고 정의했다. 코너의 말에 따르면 우리가 지금 하고 있는 일은 아무도 가보지 않은 길이기에 그 과정에서 틀리는 것은 성장하는 팀의 숙명이다. 우리가 하는 일이 이미 만들어진 길을 따라가며 그 길을 유지·보수하는 일이라면 틀릴 일도 없고 틀려서도 안 된다. 하지만 우리는 지금 새로운 길을 만들고 있다. 그렇기에 우리 스픽의 구성원들이 하는 모든 일은 틀릴 수 있으며 오늘은 정답일지라도 내일은 오답이 될 수도 있다. 이 점을 제대로 인지하고 나아가는 사람이 바로 로우 에고를 지닌 사람이다.

많은 사람이 머리로는 충분히 틀릴 수 있다고 생각하면서도 막상 틀리는 상황이 오면 당황한다. 한국 사람들이 영어를 읽고 쓰고 듣는 것은 잘하지만 간단한 회화조차 어려워하는 이유도 같은 맥락이다. 내가 하는 말이 문법적으로 틀릴까 봐 걱정하는 것이다. 하지만 언어를 배우는 과정이 그러하듯 모든 일에서 성장은 시도와 실패 그리고 오류와 교정을 반복하는 가운데 일어난다. 나를 틀리는 상황에 꾸준히 노출시키다 보면 '내가 했던 시도'가 틀렸을 뿐 '내가(혹은 내 존재 자체가)' 틀린 것은 아님을 깨닫게 된다. 그러고 나면 이 실패가 곧 나의 실패인 것만 같아 괴로운 마음에서 해방된다. 실패를 한참 반복하다 보면 이윽고 관점의 변화가 뒤따른다. 내가 하는 모든 것은 틀릴 수도 있고, 내가 나라고 정의하는 모든 것들은 바뀔 수 있다고. 이와 같은 관점의 변화는 우리 삶에 완전히 새로운 가능성을 열어준다. 궁극적으로 '나에게는 언제나 새로운 기회가 있고, 나는 무엇이든 될 수 있다'라는 진리에 다가서게 되는 것이다.

높은 자존감과 낮은 에고로 만들어낸 로우 에고 프로

페셔널리즘. 이것이 내가 발견한 겸손한 천재들의 생존 전략이었다. 그들은 일을 하는 모든 곳에서 이 생존 전략을 자유자재로 구사했다. 그리고 해가 거듭할수록 매번 '이게 된다고?' 의문을 가질 정도로 빠른 속도로 성공의 문을 열어젖혔다. 낮은 자존감을 먹이 삼아 몸집을 키우는 하이 에고의 세상에서 로우 에고 프로페셔널리즘으로 삶의 방식을 바꾼다는 것은 새로운 생존 무기를 얻는 것과 같다. 하지만 무턱대고 생존 무기를 바꿔서는 안 된다. 말 그대로 이것은 생존과 연결되기 때문이다. 완전하고 안전한 생존을 위해 우리는 먼저 '높은 자존감과 낮은 에고'라는 축 위에서 탄생한 겸손한 천재들이 누구인지, 그리고 그들이 어떻게 압도적인 성장을 만드는지 구체적으로 알아볼 필요가 있다. 지금부터 펼쳐질 이야기는 내가 직접 목격한 겸손한 천재들의 이야기다.

겸손한 천재들의
비밀

많은 사람이 '나는 이렇게 되어야 한다'라는 완성형의 모습을 설정하고, 그 완성된 지점에 도달하지 못한 자신을 들들 볶아댄다. 여기서 말하는 완성형의 모습에는 사회적 성공과 업적, 나를 수식하는 직업과 관념들이 모두 포함된다. 하지만 내가 그토록 도달하고자 애쓰는 지점은 하이 에고가 만들어낸 관념일 뿐이다. 반면에 겸손한 천재들은 자신이 사회적으로 어떤 인정을 받고 어떻게 소개되는가에 크게 집착하지 않는다.

예를 들어 자신의 명함에 인쇄된 직무명이 퍼포먼스 마케터이든 그로스 마케터이든 크게 개의치 않는 것이다. 직무명이 무엇이든 '그 직무가 곧 나'라고 주장할 마음이 없기 때문이다. 그렇다면 그들은 무엇에 집중하는가? 그들은 오로지 팀이 요구하는 문제를 해결하는 것, 더 큰 문제를 해결하고 전례 없는 성장을 만드는 것에 집중한다. 이들은 자신의 역량을 십분 발휘하고 때로는 역량 너머에 있는 탁월한 결과를 만드는 것을 중시한다. 그것이야말로 자신이 해야 할 일이며 명예, 인정, 권위 등은 자연스럽게 뒤따르는 것이라고 여긴다.

또한 이들은 자신이 틀릴 수도 있음을 받아들일 뿐 아니라 모든 일의 불확실성을 수용한다. 세상의 모든 일에는 최선 또는 정답이라고 단언할 수 있는 바가 없음을, 세상을 바꾸는 아이디어는 모두 암흑 같은 불확실성에서 시작됨을 누구보다 잘 알고 있기 때문이다. 그렇기에 이들에게 새로운 문제를 해결하는 것은 가장 막막하고도 가장 재미있는 일이다. 물론 스픽 역시 직장이기에 회사 생활이 고되게 느껴지고, 일이 하기 싫어지는 순간도 분명 있다.

하지만 기본적으로 이들은 어려운 문제를 해결하는 것을 즐긴다. 내가 풀어야 할 문제에 몰입한 나머지 퇴근길에서도 그 문제를 생각하고, 잠들기 직전까지도 그 문제를 생각하다 스마트폰 메모장을 켜는 날들이 이어지는 것이다. 그러다 남들이 다 하는 것 또는 이미 정답이라 여겨지는 범위에서 벗어나 새로운 돌파구나 전략을 찾을 때면 직장 생활에서는 맛볼 수 없었던 성취감과 짜릿함을 느낀다.

겸손한 천재들의 남다른 진짜 자신감

이런 경험이 반복되면 아무리 문제가 어려워도 해결해 볼 수 있겠다는 진짜 자신감이 생긴다. 흔히 자신감 있는 태도라고 하면 프랑스 명화 속 개선장군처럼 위풍당당하고 카리스마 있는 모습을 떠올린다. 그러나 내가 목격한 겸손한 천재들의 자신감 있는 태도는 오히려 괴짜 과학자에 가까웠다. 우리의 상상 속에서 (겸손한) 천재들은 차가운 이성과 뛰어난 두뇌를 가지고 어려운 문제도 암산으로 척척 해결할 것만 같다. 하지만 이들이 문제를 해결하는 모습을 보면 똑똑하기는 한데 어떤 부분에서는 다소 모자란 구석도 있는 아이들이 방탈출 게임을 하는 것과 비슷하다. 즉, 일단 어떤 방(=문제)에 가두어지면 이들은 마치 간식을 쫓는 고양이처럼 미친 듯이 방을 뒤지며 탈출할 방법을 찾는다. 가끔 엉뚱한 곳을 뒤지기도 하지만 숨겨진 힌트를 발견할 때마다 잭팟을 터뜨린 것처럼 흥분하기도 한다. 이러한 과정을 거쳐 모든 문제를 해결하고 난 뒤 이들은 해맑은 표정을 지으며 다음 방으로 나아간다. 그렇게 다양한 문제들을 풀어나가는 동안 불확실성들은 점차 확실성으로 바뀌어간다.

여러 차례 문제를 해결하며 스스로의 힘으로 획득한 성취는 내 안에서 '진짜 자신감'으로 자리 잡는다. 이때의 자신감은 '내가 틀리지 않을 수 있다'라는 자신감이 아니다. '나는 또 틀릴 수 있지만, 또 바로잡을 수 있다'라는 자신감이다. 우리는 누군가로부터 "자신감을 가져"라는 말을 듣는 순간 어쩐지 어깨를 쫙 펴고 주먹을 꽉 쥐게 된다. 하지만 이런 자세는 우리에게 잠깐의 자신감을 불어넣어 줄 뿐이다.

일터나 일상에서 나만의 오답 노트를 만들어가며 쌓은 진짜 자신감이야말로 오랫동안 내 안에서 꺼지지 않는 연료로 작용한다. 물론 그 과정에서는 내가 틀렸음을 받아들여야만 하는 좌절된 순간도 반드시 찾아온다. 하지만 애초에 내가 틀릴 수도 있다는 전제를 가지고 일을 시작하면 상황이 달라진다. 그 순간을 '나의 실패'로 받아들이는 게 아니라 오히려 나의 보완할 점을 발견할 수 있는 감사한 순간으로 여기게 된다. (물론 마음은 쓰리지만 말이다.)

'나의 틀림'을 인정하는 순간, 자유로움이 시작된다

직장인이라면 누구나 팀에서 자꾸 실패하는 모습보다 일을 잘해내는 모습을 보여주고 싶을 것이다. 사실 나도 처음부터 편안하게 내가 틀릴 수도 있다는 사실을 받아들인 것은 아니었다. 고백하자면 나는 스스로를 부족하다고 여기면서도 동시에 모든 걸 다 잘해내는 사람이라고 생각하는 가짜 로우 에고 상태에 있었다. 가짜 로우 에고 상태에 있으니 나는 틀리지 않기 위해 필사적으로 노력해야만 했다. 틀리지 않기 위해 최대한 안전한 선택만 했다. 그러자 점차 새로운 시도는 줄어들고 어느새 안전한 울타리 안에서 하던 일만 반복하는 사람이 되어 있었다. 그때 어느 유튜버의 말을 듣고 각성하게 됐다.

"지금부터 30년 동안 틀리지 말라고 하면 아무것도 못해요."
"그냥 '틀려봐!'라고 해야 뭐라도 할 수 있죠."

맞다. 내가 틀릴 수도 있다고 생각하면 자유로워진다.

우리가 매일 해나가는 일은 건반 하나하나를 실수 없이 눌러야 하는 피아노 연주가 아니다. 오히려 실수로 누른 건반 다음에 어떤 음들을 쌓아갈지 결정하는 일에 가깝다. 즉, '내가 틀릴 수도 있다'라고 생각하는 로우 에고를 지닌 상태가 '나는 절대 틀리지 않아야 된다'라고 생각하는 하이 에고를 지닌 상태보다 훨씬 더 자유로운 상태인 것이다.

로우 에고라는 말을 처음 들었을 때 내 머릿속에는 구부정한 자세로 늘 자신을 낮추고 묵묵히 일을 하는 사람의 모습이 떠올랐다. 하지만 로우 에고의 본질을 깨달을수록 기존의 이미지는 점차 자신의 콤플렉스에서 완전히 벗어나 자유롭게 일하고 그 과정에서 확신을 찾아가는 사람의 모습으로 바뀌어갔다. 이를테면 일본 만화 〈원피스〉의 주인공 루피와 같은 이미지랄까?

내가 틀릴 수도 있기에 자유롭고, 내가 틀릴 수 있기에 더 적극적으로 오답을 지워가는 것. 얼마나 멋진 일인가. 그뿐만 아니라 로우 에고는 개인을 넘어 그가 속한 조직에도 새로운 가능성을 열어준다. 나도 틀릴 수 있으니 너도 틀릴 수 있다는 마음은 누군가의 시도를 진심으로 응원하게 해준다. 정답이 없다는 전제 위에서 이루어지는 치열한 토론은 언제나 우리로 하여금 오답을 검증하고, 더 나은 답을 찾는 데에 더 진심이 되도록 만들어주기 때문이다.

역사를 돌이켜봐도 세상을 바꾸는 변화는 그 어떤 것이라도 틀릴 수 있고 동시에 어떤 문제라도 해결할 수 있다고 믿었던 겸손한 천재적 사고에서 시작됐다. 모두가 핸드폰에 부착된 자판을 눌러 글씨를 입력할 때 누군가는 이 방식이 최선은 아닐지도 모른다고 생각했다. 그 결과, 화면을 터치하고 스크롤해 사용하는 스마트폰이 탄생했다.

스픽 역시 처음부터 지금 형태의 앱을 만든 것은 아니었다. 처음 스픽에서 운영했던 수업 길이는 20분이 넘었고, AI 튜터와의 쌍방향 소통은 상상도 하지 못했다. 하지만 언제나 우리는 우리가 찾은 답이 최선은 아닐 것이라고 믿었기에 스픽의 수업은 영어 수업뿐 아니라 스페인어 수업까지 확장됐고, 학습자의 관심사나 영어 공부의 목적에 맞게 AI가 1:1 맞춤 수업을 만들어주는 수준까지 발전했다. 쉼 없이 남들로부터 인정받고 싶어 하고 너는 부족하다고 쉴 새 없이 떠드는 에고를 내려놓고 나만의 성취를 성실하게 쌓는 것. 그것이 스픽이 찾은 가장 빠르고 크게 성장하는 비밀이었다.

오늘도 내가 제시한 해결책이 틀린 것만 같고, 부족하게만 느껴지는가? 확신에 찬 채 자신의 일을 척척 해나가는 사람들이 신기하고 부러운가? 그럼에도 불구하고 자신이 맡은 일을 꼭 잘해내고 싶은가? 그렇다면 이제 겸손한 천재들의 생존 전략인 로우 에고 프로페셔널리즘으로 나아갈 때다. '틀리면 안 돼, 잘되어야만 해!'라는 생각은 우리의 발걸음을 무겁게만 할 뿐이다. 그저 '나는 틀릴 수 있다. 하지만 나는 몇 번이고 또 고칠 수 있다'라는 마음으로 나만의 오답 노트를 성실히 쌓아보자. 그 조마조마한 마음이 분명 당신을 더 자유롭고 빛나게 해줄 것이다.

로우 에고 프로페셔널리즘의 세 가지 열쇠

분명한 것은 로우 에고 프로페셔널리즘은 한 개인만 바뀌어서는 얻어지지 않는다는 것이다. 그렇다면 팀 차원에서 로우 에고 프로페셔널리즘을 토대로 일한다는 것은 정확히 어떻게 일하는 것을 가리킬까? 로우 에고 프로페셔널리즘이 팀의 생존 전략으로 작동하고, 팀을 압도적으로 성장시키려면 세 가지 열쇠가 필요하다. 그 열쇠는 바로 '긍정적인 호기심', '문제 해결자 마인드셋', '힘 빼기'다.

팀이 이 세 가지 열쇠를 모두 획득하면 가장 먼저 일어나는 변화가 있다. 바로 그 팀에 속한 개인이 개인으로서의 한계를 가볍게 뛰어넘게 되는 것이다. 그리고 이것이 조직

높은 자존감

힘 빼기
The Power of
Effortlessness

문제 해결자
마인드셋
Problem
Solver

긍정적인
호기심
Positive
Curiosity

로우 에고

로우 에고 프로페셔널리즘의 작동 원리

문화로 자리 잡으면 팀이 만드는 결과의 크기는 무한히 확장
된다. 내가 스픽에서 목격한, 로우 에고 프로페셔널리즘의 세
가지 열쇠가 작동하는 원리를 도식으로 간단히 정리하면 위
의 그림과 같다.

첫 번째 열쇠: 긍정적인 호기심

로우 에고 프로페셔널리즘의 첫 번째 열쇠는 긍정적인 호기심이다. 이는 로우 에고의 핵심 가치로 하이 에고가 사라진 자리를 대신하는 가장 근본적인 자질이다. 앞서 말한 것처럼 내가 틀릴 수 있다면 누구라도 틀릴 수 있다. 또한 오늘은 옳다고 여긴 것이 내일은 틀린 것이 될 수도 있다. 하지만 틀릴 수 있다고 해서 언제까지 틀린 상태로 있을 수만은 없다. 어떻게든 적게 틀리고 그 시도를 통해 빠르게 배우고 성장할 수 있는 방법을 모색해야만 한다. 이때 우리에게 필요한 것이 바로 호기심이다. 더 나은 답에 대한 호기심, 나와 함께 일하는 동료에 대한 호기심, 내가 서비스를 제공하는 고객에 대한 호기심이 우리를 성장하게 하고 생존하게 한다.

그런데 이때의 호기심은 그냥 호기심이 아니라 '긍정적인' 호기심이어야 한다. 긍정적인 호기심이린 옳은Right 징답을 찾기보다 한층 정확한Correct 해답을 찾기 위한 호기심을 뜻한다. 우리가 원하는 것은 100점을 맞기 위한 정답을 찾는 것이 아니라 전례 없는 성장을 하기 위해 더 옳은 선택을 하는 것이기 때문이다. 완벽한 정답을 찾기 위한 시도는 언제나 의심과 두려움을 만든다. 그 시도에는 늘 정답 혹은 오답만이 존재하기 때문이다. 하지만 긍정적인 호기심의 눈으로 더 나은 해답을 찾기 시작하면 우리가 하는 모든 일은 정답으로서의 가능성을 지닌다. 그리고 그 여정엔 항상 배움이 있을 뿐이다.

팀에서 긍정적인 호기심이 나타나는 형태는 다양하다. 긍정적인 호기심은 때로는 질문으로, 때로는 피드백으로, 때로는 공감의 형태로 팀에 새로운 활력을 불어넣는다. 긍정적인 호기심을 가져야 한다고 해서 언제나 친절하고 모든 사람에게 좋은 사람처럼 행동하라는 것은 아니다. 때로는 옳은 해답을 찾기 위해 끊임없이 설전을 펼치기도 하고, 가슴이 뜨끔해지는 피드백을 주고받아야 한다. 하지만 그 모든 과정이 최선의 답을 찾고자 하는 긍정적인 호기심을 바탕으로 할 때 우리는 한 단계 더 성장한다.

두 번째 열쇠: 문제 해결자 마인드셋

로우 에고 프로페셔널리즘의 두 번째 열쇠는 문제 해결자 마인드셋이다. 문제 해결자 마인드셋은 로우 에고 프로페셔널리즘이 실제로 작동하는 데에 가장 중요한 열쇠로 오직 문제 해결에 집중하는 태도를 말한다. 앞서 설명한 것처럼 겸손한 천재들은 자신이 누구인지, 세상이 자신을 어떤 사람으로 보고 얼마나 인정해주는지 신경 쓰지 않는다. 그보다 자신이 어떤 문제를 어떻게 해결할 것인지에 더 집중한다. 그래서 이들은 업무의 영역이 넓고 때로는 그 경계가 흐릿해 직무명만으로는 자신이 하는 일이 온전히 설명되지 않을 때가 많다. 물론 어떤 조직들에서는 팀원들이 명확하게 구분된 역할에 따라 정해진 매뉴얼대로 일하는 것이 더 중요하게 작동하기도 한다. 하지만 규모가 작은 팀일수록 문제 해결자 마인드셋은 조직의 로켓 성장을 위한 핵심 자질로 작용한다.

팀의 생존이 왔다 갔다 하는 상황에서 팀원들이 문제를 해결하고 성장하는 일보다 역할과 책임을 나누는 것에 여념이 없다면 어떻게 되겠는가? 당장 마켓에 나가서 싸워야 할 용사가 나중에 이직할 때에 유리한 타이틀을 얻는 것에만 관심이 있다면 그 싸움은 결과를 보지 않더라도 이미 진 싸움일 것이다. 어려운 문제를 해결하고 압도적인 성장을 만들어내는 것만큼 멋진 커리어는 없다. 나를 증명하기 위해 취했던 모든 타이틀과 에고를 내려놓고 자신과 자신이 속한 팀이 가장 중요하다고 생각한 문제에 자신의 모든 전력을 쏟는 것. 그것이 로우 에고 프로페셔널리즘의 두 번째 열쇠다.

세 번째 열쇠: 힘 빼기

로우 에고 프로페셔널리즘의 마지막 열쇠는 바로 힘 빼기다. 요가를 해본 사람들은 알 것이다. 힘을 주는 것보다 힘을 빼는 것이 몇 배는 더 어렵다는 것을 말이다. 정작 힘을 줘야 할 부분에는 힘이 들어가지 않고, 부족한 힘을 보태느라 엉뚱한 곳에 힘이 잔뜩 들어간다. 누군가 힘을 빼라고 하는 순간 우리는 더 당황한다. 살면서 힘을 주는 방법은 배웠어도 힘을 빼는 법은 배운 적이 없기 때문이다. 그러다 숨을 후 하고 내뱉는 순간, 나도 모르게 긴장하고 있던 몸의 구석구석이 한층 더 부드럽게 열림을 경험한다.

우리가 가장 많은 애를 쓰는 일터에서도 마찬가지다. 직장인들이 가장 두려워하는 단어가 무엇인지 아는가? 바로 '허심탄회'다. 상사가 면담 자리에서 "○○ 씨, 요즘 일은 어떤지 허심탄회하게 얘기해봐"라고 말하는 순간부터 마음이 불편해진다. 허심탄회의 사전적 의미가 '품은 생각을 터놓고 말할 만큼 아무 거리낌이 없고 솔직함'이라는 것을 상사가 제대로 이해하고 있는 것인지 의심스러워진다. 힘을 빼라고 하는 순간, 힘이 더 들어가는 것이다.

하지만 긴장의 연속인 직장 생활에서도 긴장이 잠시

풀릴 때가 있다. 점심시간에 동료들과 잡담을 나눌 때, 마음 맞는 동료와 커피 한잔을 나누며 일상과 회사 생활의 근황을 나누는 순간들이 그렇다. 언뜻 보면 일하는 것 같지 않은 이 시간들에는 엄청난 비밀이 숨어 있다. 숨을 내뱉는 순간 뻣뻣한 몸의 가동성이 늘어나는 것처럼 긴장을 푸는 순간 더 좋은 아이디어가 나오고 일의 효율이 높아지는 것이다. 세계적인 기업들이 사무실에 언제든 편히 쉴 수 있는 해먹을 설치하고 비디오 게임기를 두는 이유도 여기에 있을 것이다.

앞서 말했듯 힘 빼기는 힘을 주는 것만큼이나 어렵다. 하지만 어려운 만큼 힘 빼기에 성공할수록 개인이 경험하는 몰입감과 성취감은 높아진다. 팀원들이 일에 몰입하기 시작하면 조직은 점차 더 큰 문제를 해결하고 더 큰 폭으로 성장한다. 비단 조직만이 압도적인 성장을 경험하는 것은 아니다. 조직에 속한 개인 역시 '기존의 나'라는 작은 존재에서 벗어나 새로운 세계로의 확장을 경험한다. 또한 자신이 들이는 노력과 에너지는 줄어드는데 결과는 훨씬 좋아지는 신기한 경험도 하게 된다.

로우 에고 프로페셔널리즘이
궁극적으로 가져다줄 가치

우리는 너무 오랫동안 세상이 정해놓은 기준에 뒤처지지 않으려고 '이상적인 나'라는 환상을 쫓으며 달려왔다. 자신감 넘치는 나, 모든 일을 잘해내는 나, 사랑받는 나, 경쟁에서 언제나 이기는 나…… 너무나 많은 이상적인 나에 둘러싸여 진짜 나를 잃어버렸다. 내가 쫓던 환상 속의 나는 다가갈수록 자꾸만 멀어지는 신기루와 같다. 그렇다면 이런 전략이 우리가 취할 수 있는 최선의 전략이라고 할 수 있을까? 이렇게 해야만 살아남을 수 있는 세상이라면 너무나 암울하지 않을까?

스픽에서 일하기 전까지 나 역시 출전 의사를 밝힌 적 없는 마라톤에 강제로 초대되어 내가 왜 이 레이스를 뛰어야 하는지, 이 레이스가 언제 끝나는지조차 모른 채 그저 본능이 이끄는 대로 달리고 있었다. 하지만 그 레이스의 끝에서 만난 스픽은 전혀 다른 생존 전략을 제시하고 있었다. '긍정적인 호기심', '문제 해결자 마인드셋', '힘 빼기'라는, 로우 에고 프로페셔널리즘의 세 가지 열쇠는 기존 생존 전략의 한계를 부수고 나라는 존재의 가능성을 넓혀주었을 뿐만 아니라 조직에는 전례 없는 성장을 일으키고 있었다.

이제 우리는 적자생존 혹은 약육강식과 같은 무시무시한 구호를 앞세우며 생존하기 위해 경쟁하고 애쓰지 않아도 된다. 오히려 '너는 부족하다고' 시끄럽게 떠드는 하이 에고를 내려놓고 새로운 생존 전략을 취했을 때라야 우리는 더 크게 성장할 수 있다. 문제는 이 전략을 어디서부터 시작해야 할지, 각기 다른 사람들이 한 팀이 되어 일하는 조직에 실제로 어떻게 적용해야 할지를 모른다는 것이다. '그저 로우 에고를 가지고 일하자고 외치면 저절로 그렇게 되는 것인가?' 어떤 이는 이 모든 것이 좋은 말 대잔치에 머무는 게 아닌지 의구심이 들 수도 있다.

하지만 안심해도 된다. 나는 지금 어떤 개념을 설파하기 위해 이 책을 쓰고 있지 않다. 철저히 실무자 관점에서 내가 목격하고 배운 것들을 전달하기 위해 이 책을 쓰고 있다. 내가 이 책에서 앞으로 낱낱이 쓰고자 하는 것은 내가 매일 아침 출근해서 어떤 사람들을 만나고, 어떤 문서를 작성하고, 어떤 회의에 참석하고, 어떻게 일을 해야 하는지에 대해서다. 결국 이 모든 것이 바뀌지 않으면 로우 에고든 프로페셔널리즘이든 전부 그저 환상에 지나지 않는다.

이제는 실전에서 우리가 로우 에고로 일하는 방법은

무엇인지, 이를 통해 압도적인 성장을 만드는 전략은 무엇인지 살펴볼 차례다. '꿈의 직장'과 같은 자유롭고 행복에 젖은 이야기를 기대한다면 반드시 실망하게 될 것이다. 어떤 사람에게는 이 책을 읽는 것 자체가 다시 출근하는 것만 같아 피로감을 유발할지도 모른다. 스픽이 겪었던 성장통과 부침의 과정을 따라가는 것이 괴롭거나 나와 아무 상관없는 사람들의 지독함에 숨이 막히는 느낌마저 들지도 모른다. 하지만 나의 이야기를 다 읽고 나면 문제를 해결한 자만이 얻는 단단한 자존감, 디자이너나 마케터와 같은 특정한 직무가 아닌 온전한 나로서 존재할 때의 자유로움, 경쟁자를 아득히 넘어선 탁월함 등 이 모든 것이 당신 손에 쥐어져 있을 것이라고 장담한다. 자, 이제 진짜 일터로 나갈 때다.

로우 에고 프로페셔널의 개념에 대해 이해했다면
이제는 로우 에고 프로페셔널리즘을 업무 현장에서
어떤 방식으로 추구해 나갈지 알아볼 차례다.

나는 지난 몇 년간 스픽의 '겸손한 천재들'이
일하는 모습을 가까이에서 지켜보면서
이들이 적자생존의 비즈니스 생태계에서
놀라운 성과를 거두고 살아남는 이유를 발견해 냈다.
그들은 모두 다음의 세 가지 공통점을 지니고 있었다.

그것은
'긍정적인 호기심'
'문제 해결자 마인드셋'
'힘 빼기'였다.

2장

로우 에고 프로페셔널리즘의 생존 전략

THE SURVIVAL STRATEGY OF LOW-EGO PROFESSIONALISM

Positive Curiosity

긍정적인 호기심이
전부다

질문 없는 조직에
미래란 없다

잠시 한국 회사의 회의실을 떠올려보자. 멀리 갈 것도 없다. 이번 주에 내가 참여했던 회의를 떠올리면 된다. 회의실에는 누군가 발표하는 사람이 있고, 그 발표를 듣는 우리가 있다. 발표자가 준비한 내용을 처음부터 끝까지 차근차근 발표하고 나면 그제야 질문 시간이 이어진다. 이때 대부분은 침묵을 택하는 경우가 많을 것이다. 발표자 역시 마음속으로 아무도 질문하지 않기를 바란다. 나라도 질문을 해볼까 싶지만 내가 던지는 질문이 너무 기초적인 질문은 아닐지, 혹은 이미 공유한 내용을 다시 되물어서 회의에 집중하지 않았음을 들키진 않을지 걱정된다. 결국 어렵게 떠오른 몇 개의 질문은 내 가슴과 입 사이를 오가다 금세 흩어지고 만다.

　반대로 누군가 발표 내용에 대해 여기저기 꼬집으며 질문을 퍼붓기 시작하면 적막했던 회의실의 공기는 순식간에 팽팽해진다. 질문자도 발표자도 아닌 다수의 사람들은 이 자리가 마치 어린 시절 부모님의 싸움을 지켜보던 것만큼이나 불편하다. 자칫 회의 시간이 길어지기라도 하면 질문을 퍼붓는 사람을 무례하다 속으로 욕하기도 하고, 질문 세례를 받는 발표자를 딱하게 보기도 한다. 그저 다들 질문하는 자와 질문을 쳐내는 자의 랠리가 끝나기만을 바랄 뿐이다.

쏟아지는 질문들 틈에서 자꾸만 작아지는 나

　앞의 상황을 읽으며 평소 회의 시간의 내 마음을 들켰나 싶은가? 당신의 마음을 내가 간파할 수 있었던 이유는 간단하다. 이것은 내 이야기이기 때문이다. 스픽에 입사한 후 나를 가장 당황스럽게 한 것은 회의 때마다 쏟아지는 질문 폭탄이었다. 내가 이미 고민한 부분에 대한 질문이 나와도 당황스러울 판에 내가 생각지도 못한 영역에 대한 질문들이 쏟아졌다. 그때마다 나는 속수무책이었다.

"이 프로젝트는 리소스가 많이 필요한 것에 비해 매출에 기여하는 정도는 10퍼센트도 되지 않아. 그런데도 이걸 진행하는 게 맞다고 생각해?"

"네가 제시한 이 계획이 우리를 성장하게 한다고 어떻게 확신할 수 있어? 이 계획을 실행하기 전에 테스트해볼 수는 없어? 돈을 꼭 써봐야 하는 거야?"

내게 던져진 질문들은 대부분 이미 시작한 프로젝트의 근간을 흔드는 질문이거나 내가 신이 아닌 이상 알 수 없는 미래의 결과에 대한 질문들이었다. 그럴 때마다 나는 당황한 나머지 엉뚱한 소리를 해대거나 더 검토하고 알려주겠다는 말로 상황을 회피하기 바빴다. 질문에 대한 답을 못했다는 사실보다 나를 더 위축시킨 것은 나의 당황하고 회피하는 모습을 팀원들에게 보여주었다는 사실이었다. 회의 때마다 내가 공유하는 모든 계획에 하나하나 "그게 맞아? 확실해?"를 반복하는 팀원들이 얄미웠다. 질문의 내용이 자세해질수록 그들이 나를 믿지 않는다는 생각마저 들어 우울해졌다.

질문은 공격이 아니다

    그렇게 질문 틈바구니 속에서 점점 작아져만 가던 내가 새로운 관점을 갖게 된 계기가 있다. 당시 한국 지사는 의사 결정이 필요할 때마다 샌프란시스코 본사와 수시로 회의를 가졌다. 나는 그때까지만 해도 본사와 하는 회의에 엄청난 스트레스를 받고 있었다. 회의에 참석할 때마다 제발 이번 한 번만 무사히 넘어가길 간절히 바랐다. 회의에서 질문이 없는 날에는 없는 대로 마음이 괴로웠고, 질문이 많은 날에는 많은 대로 가슴이 답답했다. 그러던 어느 날, 샌프란시스코 본사의 COOChief Operations Office(최고운영책임자)인 콜튼 귤레이Colton Gyulay가 한국에 방문했을 때 내게 이렇게 말했다.

    "지안, 질문은 공격이 아니야. 긍정적인 호기심이지. 우리는 정확한 것을 찾기 위해 토론하지 않아. 보다 옳은 것을 찾기 위해 토론하지."

    콜튼이 들려준 말은 그동안 내가 '질문'에 대해 가지고 있었던 모든 인상과 개념을 다시 세울 수 있는 계기로 작용했다. '좋은 게 좋은 것'이라 여기고, 겸손한 태도와 모나지 않은 성격이 미덕인 한국 사회에서 질문은 상황을 불편하게 만드는 대표적인 악당이다. 특히 비즈니스 상황에서 날아드는 질문은 대화의 흐름을 끊거나 여러 사람을 동시에 난처하게 만들기도 한다. 경쟁과 시험에 익숙한 K-직장인에게 질문은 질문이기 이전에 정답을 맞혀야만 통과할 수 있는 퀴즈처럼 다가온다. 하지만 다음의 간단한 사실을 기억하는 것만으로도 성장은 일어난다.

질문은 질문일 뿐이다.

질문의 본질은 궁금한 것에 대해 답을 얻고 싶은 마음, 즉 호기심이다. 애초에 정답이 돌아오기를 바라고 묻는다면 그것은 질문이 아니라 시험 문제다. 정답을 확정하기 이전에 더 옳은 해답을 찾고자 묻는 것이 바로 질문이다. 이때 누군가가 던진 질문을 시험 문제로 받아들이는 것도 모자라 내 실력을 검증하는 시험대로 만드는 것은 다름 아닌 나 자신이다. 질문을 순수하게 질문으로 받아들일 때, 질문은 조직 안에서 제 역할을 하기 시작한다. 질문의 역할은 사람을 당황시키는 것이 아니다. 내가 아는 지식을 저 사람도 아는지 시험하기 위함도 아니다. 그렇다면 질문의 역할은 무엇일까?

질문의 역할 ①
─양질의 토론과 의사 결정을 가능하게 한다

영어에는 '데블스 에드버킷Devil's advocte'이라는 표현이
있다(동명의 영화도 있다). 직역하면 '악마의 변호인'이라는 뜻
으로 활발한 토론과 논의를 위해 선의의 비판자 역할을 하는
사람을 가리킨다. 이해를 돕기 위해 회의를 하나의 보드게임
에 비유해보자. 이 게임에서는 모두에게 악마의 변호인 카드
와 변론 카드가 동시에 주어진다. 악마의 변호인 카드를 쓰는
방법은 단순하다. 바로 질문하는 것이다. 하지만 질문을 악마
의 변호인으로 선임하려면 선언해야 할 가치가 있다. 바로 의
심의 혜택이다. 말 그대로 '의심하는 것에는 분명 혜택이 있
다'라고 믿는 것이다.

우리의 조상들이 곰 발자국을 보고 곰이 주변에 있을
지도 모른다고 '의심해서' 살아남을 수 있었듯이 의심에는 분
명한 혜택이 있다. 우리가 놓친 부분은 없는지, 더 나은 방법
은 없는지 의심할 때 우리는 질문할 수 있다. 그리고 질문의
답을 찾는 과정에서 우리는 더 옳은 대답에 가까워질 수 있
다. 회의에서 악마의 변호인이 된다고 해서 내가 곧 악마가
되는 것은 아니다. 오히려 '잘되겠지' 혹은 '어떻게든 되겠지'

라는 안일한 생각으로 질문하지 않고, 모두가 동의할 만한 적당한 답을 내리려는 사람이야말로 진정한 의미의 악마의 변호인일 것이다.

질문의 역할 ②
— 팀원이 미처 생각지 못한 부분을 고민하게 한다

좋은 리더는 좋은 질문을 좋은 타이밍에 던져주는 사람이다. 실무자 입장에서 좋은 질문이란 고민의 방향성을 가리키고 있는 질문이다. 예를 들어 "3분기 마케팅은 어떻게 할거예요?"라는 질문에는 방향성이 없다. 반면에 "3분기에 어떻게 하면 스픽 앱을 설치하고서도 현재 스픽 앱을 사용하지 않은 유저가 한 번이라도 우리 앱을 사용해 보게 할 수 있을까요?"라는 질문에는 고민을 해나갈 방향이 있다.

또한 좋은 질문은 지금까지 생각해 오던 방식을 깰 수 있게 해준다. 내가 미처 생각하지 못한 부분을 건드리는 질문을 받았을 때, 팀원은 당장 질문을 받는 상황을 불편하게 느끼더라도 결국 그 질문에 대한 답을 찾으면서 자신이 어떤 부분에서 막혀 있었는지를 깨닫게 된다. 그리고 그 과정에서 자연스럽게 새로운 해답도 찾을 수 있게 된다. 주니어 시절부터 좋은 질문을 먹고 자란 팀원은 스스로 문제를 찾고 해결할 수 있는 팀의 에이스가 되고, 또 좋은 질문을 던지는 리더로 성장한다.

이러한 맥락에서 불편한 질문을 하지 않는 리더는 나쁜 리더다. 질문을 하지 않음으로써 팀원과의 인간적인 관계는 더 좋아질지도 모른다. 하지만 잠깐의 불편함 때문에 질문을 하지 않는 순간, 자신도 모르게 팀원이 다르게 생각할 수 있는 기회를 빼앗은 셈이다. 또한 팀원이 문제 해결력을 성장시킬 수 있는 기회를 가로막은 것과 다름없다. 좋은 질문은 당장은 불편하게 느껴지고 아플 수 있지만 반드시 성장으로 이어진다.

질문의 역할 ③
─ 앞으로 발생할 커뮤니케이션 비용을 줄여준다

많은 대표님이 공통적으로 하는 말씀이 있다. 지원자가 면접에서 던지는 질문만 봐도 그 사람이 얼마나 일을 깊이 있게 고민하고 잘해낼지 알 수 있다는 것이다. 지원자의 질문에는 그가 무엇을 알고 모르는지부터 업무에 대한 지원자의 관점까지 모두 담겨 있기 때문이다. 어쩌면 이 점이 우리가 질문을 두려워하는 이유일 것이다. 많은 사람이 내가 던지는 질문을 통해 내가 고민하는 지점, 그것의 방향과 깊이가 고스란히 드러나 타인으로부터 나쁜 평가를 받게 될까 봐 질문을 망설인다. 하지만 이러한 질문의 특성은 여러 사람이 한 팀으로 일할 때 오히려 큰 힘을 발휘한다. 질문을 자주 받다 보면 질문을 통해 그 사람이 중요하게 생각하는 것, 그 사람이 문제를 해결하기 위해 자주 사용하는 접근 방식을 읽어낼 수 있기 때문이다.

예를 들어 스픽의 대표인 코너의 경우 한국 지사의 그로스 마케터인 내게 내가 하는 일이 얼마나 확장 가능하고 Scalable 지속 가능한지Sustainable에 대해 자주 묻는다. 글로벌 회사인 스픽의 첫 번째 진출국인 한국은 다른 시장보다 마켓 성숙도가 높아 어떤 시도든 가장 먼저 하는 첫째 역할을 한다. 따라서 이곳에서 그로스 마케터인 내가 진행하는 프로젝트가 성공했을 경우, 그 성공 방정식을 다른 나라에도 쉽고 빠르게 적용할 수 있다. 그렇기 때문에 대표인 코너에게는 내가 하는 일이 지금 당장의 수익뿐 아니라 스픽의 지속적인 성장 동력으로 작용할 수 있는지가 중요한 것이다. 나는 코너가 던진 질문을 통해 리더가 생각하는 회사의 방향성을 파악하고 내가 진행 중인 프로젝트의 방향이나 계획을 그에 맞춰 미리미리 수정할 수 있다. 코너 입장에서는 질문 하나를 던졌을 뿐인데 한국에서 일어나는 프로젝트의 방향성이 회사의 굵직한 방향성과 일치하게 된다. 한편 내 입장에서는 일을 다 벌이기 전에 프로젝트의 방향성을 수정해 불필요한 수고를 하지 않을 수 있으니 서로에게 이득인 것이다.

우리가 긍정적인 호기심을 바탕으로 질문을 하고 또 받기 시작했을 때 질문은 질문 그 자체로 조직의 성장 동력으로 작용한다. 가만히 있으면 절반이라도 간다는 게 통념인 한국 사회에서 질문을 하려면 심장이 콩닥거리고 머뭇거려진다는 것을 잘 안다. 속된 말로 표현하자면 질문했다가 괜히 '쪽팔리는' 상황이 생길까 걱정하기 십상이다. 하지만 궁금한 점이 떠오른 순간 눈을 질끈 감고 서슴없이 질문하자. 그리고 누군가 내게 질문을 던지더라도 개의치 말고 질문을 질문 그 자체로 수용해 보자. 질문에는 그럴 만한 가치가 있다. 쪽팔림을 무릅쓰고 질문할 때, 침묵을 통해 중간이라도 가려 했던 나의 틀이 깨지고, 어느새 중간 이상으로 나아간 자신을 만나게 될 것이다.

고객에게 질문하라

일을 할 때 긍정적인 호기심을 가장 먼저 발휘해야 할 존재가 있다. 바로 고객이다. 내 안의 긍정적인 호기심이 나와 내가 속한 조직이 만든 서비스를 이용하는 고객을 향하는 것만으로도 많은 문제가 저절로 해결된다. 긍정적인 호기심을 고객에게 발휘하는 방법은 무척 간단하다. 바로 고객에게 질문을 던지는 것이다.

제품을 완성하기 전에 질문하라

스픽은 유저User(사용자) 인터뷰에 진심이다. 얼마나 진심이냐 하면 스픽을 사용하는 한국 유저 인터뷰를 위해 전 세계에 흩어져 있는 스픽의 모든 팀원이 한국으로 출장을 올 정도다. 온라인으로 진행하는 유저 인터뷰도 모자라 전 세계 팀원이 한국에 몇 주씩 머무르며 한국 유저들을 직접 만나 인터뷰하는 것이다. 인터뷰에는 프로덕트 오너Product Owner, PO와 개발자들이 참석해 유저들이 스픽 앱을 사용하는 모습을 지켜보면서 우리 앱을 유저가 어떤 목적과 방식으로 사용하는지를 파악한다. 또한 유저들로부터 나오는 현장 피드백을 토대로 새롭게 개선할 사항들을 찾는다.

한편 신기능 출시를 준비할 때에는 신기능의 가장 핵심적인 기능만 개발한 뒤 베타 테스터Beta Tester(제품 상용화 전 실시되는 테스트에 응하는 사람)를 모집한다. 핵심은 모든 기능을 개발하기 이전에 테스터들에게 물어보는 것이다. 모든 개발을 마친 후에 개발 방향성과 개선 피드백을 받으면 이미 늦기 때문이다. 테스터들에게는 신기능에 대해 많은 설명을 하지 않은 채 테스터들이 이 기능을 어떻게 사용하는지 관찰하고, 테스트가 끝난 후에는 이 앱이 출시되면 어떻게 사용할 것 같은지, 얼마나 사용할 것 같은지, 어떤 것들을 개선해야 할지 등을 묻는다. 이후 테스터들의 의견을 바탕으로 신기능의 구체적인 사용성이나 필요한 기능들을 추가로 개발하는 것이다.

스픽 앱에서 AI와의 1:1 대화로 수업이 진행되는 프리톡을 출시했을 때를 예로 들어보겠다. 테스터를 모집할 때만 해도 프리톡 기능은 유저가 채팅 창으로 영어 질문을 하면 AI(인공지능) 튜터가 그 질문에 대한 답을 해주는 텍스트 기반의 채팅 형태였다. 그런데 테스터 인터뷰를 통해 프리톡의 경험이 챗GPT와 크게 다르지 않다는 점, 유저들은 단어나 문법 수업과 같은 다양한 형태의 수업을 원한다는 점을 알 수 있었다. 이러한 의견들을 토대로 유저가 AI 튜터와 텍스트가 아닌 음성으로 소통할 수 있도록 하고, 이후에는 유저가 배우고 싶은 수업을 말하면 맞춤 수업을 바로 만들어주는 형태로까지 발전할 수 있었다.

많은 돈을 쓰기 전에 질문하라

유저에게 직접 물어보는 전략은 제품 개발뿐 아니라

마케팅에서도 엄청난 무기다. 일단 제품이 만들어지고 나면 마케터들은 이제 해당 제품을 어떻게 시장에 소개해야 할지, 홍보 카피는 어떤 게 좋을지 고민하기 시작한다. 이때 가장 좋은 방법은 역시 유저에게 직접 물어보는 것이다. 스픽 한국 마케팅 팀은 정기적으로 FGD_{Focus Group Discussion}(핵심 그룹 토론)을 진행한다. 포커스 그룹의 대상은 필요에 따라 달라지지만 보통 마케팅을 위한 FGD에서는 스픽 앱을 사용하는 유저뿐 아니라 스픽을 아예 모르는 유저까지 줌_{Zoom} 미팅에 참석해 약 두 시간 정도의 열린 인터뷰에 참여한다.

특히 1월과 같은 성수기를 준비할 때에는 마케팅 전략과 예산을 세우기 이전에 이 인터뷰를 진행한다. 그래야만 우리의 소중한 예산을 옳은 메시지에 사용할 수 있기 때문이다. 그래서 이 인터뷰에서는 우리가 내세우고 싶은 메시지가 아닌, 유저에게 가장 매력적인 마케팅 메시지를 도출하기 위한 질문들을 이어간다. 필요에 따라 세부 질문은 달라질 수 있지만, 인터뷰 참여자들의 영어 공부 경험과 목적, 스픽의 상위 개념인 AI(인공지능) 영어 학습에 대한 인식, 스픽에 대해 어떤 이미지를 갖고 있는지 등을 물어본다. 또한 스픽 앱을 사용해 보지 않았다면 스픽의 마케팅 소구 포인트(Unique Selling Point, 'USP'라고 약칭한다)들과 스픽 앱의 기능들을 설명해 주고 실제로 사용해 보고 싶은 마음이 드는지, 가장 매력적으로 느껴진 포인트는 무엇인지를 묻는다.

인터뷰 후에는 인터뷰 내용을 취합하여 USP들을 다시 정리하고, 인터뷰에서 공통적으로 나온 답변들을 토대로 각 메시지의 우선순위를 결정한다. 물론 FGD 한 번만으로 모든 메시지를 결정할 수는 없다. 더 정확한 결과를 얻기 위해 우선순위가 높은 메시지들은 메타Meta나 구글Google과 같은 페이드 채널Paid channel(광고비를 지불해 노출과 판매를 유도하는 유료 마케팅 플랫폼이나 매체)에서 교차로 테스트하며 메시지의 우선순위와 그 역할들을 확정해 나간다. 대중이 원하는 기능은 무엇인지, 그 기능을 설명하는 가장 좋은 카피는 무엇인지를 꼬리잡기하듯 찾아가는 것이다.

이렇게 고객에게 직접 물으면 좋은 점은 단 하나다. 불필요한 시행착오를 줄이고 정답에 빠르게 도달할 수 있다는 것이다. 우리가 서비스를 만들고 마케팅을 하는 것도 결국엔 고객을 만나기 위함이다. 그런데 앱이나 이커머스E-commerce와 같은 온라인 기반 서비스일수록 고객은 화면 너머로 사라지고 고객이 하는 말들은 데이터로 변환되어 그 숫자에 매몰되기 쉽다. 진짜 정답은 숫자 너머의 고객의 말에 있는데 말이다. 고객에게 직접 물어보지 않으면 유저 인터뷰를 통해 하루 만에 도출할 수 있는 답을 많은 마케팅 비용과 시간을 사용하고 나서야 알게 될 것이다.

왜 안 쓰는지 질문하라

고객 인터뷰 중에서도 인사이트를 가장 빠르게 도출할 수 있는 인터뷰가 있다. 바로 '왜 사용하지 않는지'를 묻는 비사용성 인터뷰다. 사용성 인터뷰를 통해 우리 서비스를 어떻게 사용하고 왜 사용하는지를 물었다면, 비사용성 인터뷰에서는 서비스를 왜 사용하지 않으며 어떤 지점에서 실망감을 느껴 결국 이탈했는지를 정중하게 묻는다. 스픽은 앱을 다운로드 하면 처음 7일간은 무료로 앱을 체험할 수 있다. 하지만 대부분의 앱들이 그러하듯 유저가 무료 체험을 마치고 연간 구독권을 결제하기까지는 꽤 많은 결심과 용기를 필요로 한다.

어느 날 스픽 앱을 무료 체험하는 유저들은 대부분 무료 체험을 신청하자마자 스마트폰의 구독 관리 탭에 들어가 조용히 구독 취소를 예약해 둔다는 사실을 알게 됐다. 처음엔 그것이 당연하다고 생각했다. 나 역시 다른 앱을 무료로 체험할 때에는 그렇게 하곤 하니까. 그런데 갑자기 그 이유가 궁금해졌다. 왜 누군가는 구독을 결심하고, 누군가는 무료 체험 후에 구독하지 않을까? 그래서 우리는 그들에게 왜 무료 체험을 신청하자마자 취소했는지, 우리가 어떻게 했다면 무료 체험을 취소하지 않았을지 물었다.

예상했던 대로 '무료 체험 후에 자동으로 결제가 될까 봐'가 가장 많은 답을 차지했다. 그 다음으로는 '아직 마음의 준비가 되지 않아서', '앱에 뭐가 있는지 충분히 파악되지 않아서', '다음에 결제하려고' 등등 다양한 이유가 쏟아졌다. 그저 두루뭉술하게 '무료 체험만 하고 싶은가 보다'라고 생각했던 것이 무색할 만큼 생각보다 많은 사람이 '자신에 대한 확신이 부족해서' 구독을 취소하고 있었다. 자신이 무료 체험 기간이 끝날 시점을 잊지 않고 구독을 취소한다는 확신이 없어서 또는 자신이 작심삼일 하지 않고 영어 공부를 꾸준히 한다는 확신이 없어서 공부를 시작하기도 전에 무료 체험을 미리 취소하고 있었다.

비사용성 인터뷰 결과를 보자마자 프로덕트 팀에서 진행했던 테스트가 떠올랐다. 무료 체험을 신청하는 화면에 '다음 결제일이 다가오면 알려드려요'라는 문구를 추가했더니 무료 체험 신청율이 올라갔던 테스트였다. 그 테스트의 결과는 이미 유저들의 이런 마음을 대변하고 있었던 것이다. 그래서 우리는 무료 체험을 하지 않는 이유를 토대로 광고 캠페인을 기획했다. 다음 결제일이 다가오면 알림을 주겠다는 내용의 배너를 랜딩 페이지에 추가했다. 고객들이 가장 먼저 만나게 되는 광고 소재로 자기 확신이 부족한 사람들을 위해 스픽과 함께라면 매번 작심삼일을 반복하는 '작심삼일러'도 꾸준히 영어 공부를 할 수 있다는 근거와 증거들을 보여줬다. 또한 '영어 공부는 내일부터'라며 오지 않을 언젠가를 기약하는 사람들을 위해 '나중은 없다'라는 메시지로 광고 소재를 만들었더니 다른 소재 대비 압도적으로 좋은 광고 클릭율을 확인할 수 있었다. 그동안 무료 체험을 망설이는 사람들을 위해 수천 개의 광고 소재를 만들었지만 이제야 비로소 그들의 가려운 마음을 긁어준 느낌이 들었다.

고객에게 귀 기울일 때
해결책이 선명해진다

우리는 대부분의 호기심을 '어떻게 하면 매출이 오를까?', '어떻게 하면 투자를 잘 받을 수 있을까?'에만 쏟는다. 그럴수록 고객은 소외된다. 결국 우리의 매출을 만들어주는 것은 고객인데도 말이다. 우리가 그토록 궁금해하던 매출과 성장의 답은 서비스를 사용하고 있거나 사용하게 될 고객들이 가지고 있다. 스픽 대표인 코너가 시장 조사를 위해 처음 한국에 방문했을 때 가장 먼저 했던 일도 스픽의 고객이 되어줄 잠재 고객들을 만나 인터뷰하는 것이었다. 한국말도 못하는 파란 눈의 외국인이 강남의 스터디카페에 앉아 한국인 친구의 도움을 받으며 한국 사람들이 영어에 대해 어떻게 생각하는지, 어떤 것을 어려워하는지 묻는 장면을 생각하면 마음이 뭉클해진다.

그 결과, 스픽은 시험 영어를 중심으로 성장해 온 한국 영어 교육 시장이 해결하지 못했던 한국인들의 영어 울렁증 문제를 제대로 파고들어 빠르게 성장할 수 있었다. 고객을 인터뷰하는 일에는 많은 시간과 노력이 든다. 또 당장 고객 인터뷰를 하지 않아도 서비스는 굴러간다.

하지만 아이러니하게도 고객에게 묻는 것이 가장 빠르고 확실하게 목적지에 도달할 수 있는 방법이다. 지금 우리 서비스가 어떤 기능을 만들어야 할지, 어떤 메시지를 전달해야 할지 막막하다면 스스로에게 이런 질문을 던져보자.

나는 제품을 만들기 전에 고객에게 물어보았는가?

나는 돈을 쓰기 전에 고객에게 물어보았는가?

나는 우리가 만든 서비스를 고객에게 왜 안 쓰는지는
물어보았는가?

비즈니스 세계에서
당연한 것은 없다

우리는 언제나 많은 일에 쫓긴다. 사람이 하루에 8시간을, 그것도 매주 5일을 꼬박 출근해서 할 일이 있을까 싶지만 신기하게도 할 일은 언제나 있다. 매일 아침 투두 리스트To do list를 작성하고 리스트에 적힌 일을 해나가며 지우고 또 지워도 할 일은 새로 또 생겨난다. 이게 진짜 모두 내가 해야 할 일이 맞나 싶어 여러 번 훑어봐도 달라지는 것은 없다. 모두 내가 해야 할 일들이 맞다. 그렇다면 이번엔 할 일 목록을 이제 막 이직한 신규 입사자의 눈으로 바라보자. 아직 내가 해야 할 일이 무엇인지 정해지지 않았고, 이 회사에서 내가 '당연히 해야 할 일' 같은 건 없는 상태 말이다.

과거에 내가 하던 일을 모두 없앨 수도 있고 완전히 새로운 일을 제로베이스에서부터 시작할 수도 있다고 치자. 그렇게 새로 입사한 내가 어떤 결정을 할지 고민해 본다면 지금 내 투두 리스트에 있는 일 중 대부분이 살아남지 못할 것이다. 그 일이 무엇이든 무언가를 끊임없이 하고 있어야만 만족스러운 상태인 '두잉Doing 모드'를 내려놓고 처음 입사했을 때의 신선한 눈을 장착하면 내가 당연히 여겼던 일들이 당연해지지 않는 순간이 찾아온다. 이를테면 '신규 고객 획득을 위해 매일 고정적으로 운영되는 페이드 마케팅Paid marketing(소비자들이 이용하는 타 플랫폼 또는 매체에 유료 광고를 집행하는 것)은 꼭 필요한가?', '아예 안 하면 어떻게 되나?', '할인 프로모션은 왜 해야 하는가?', '마케팅 팀의 구조는 왜 이런 구조여야 할까?' 등 그동안 관성적으로 해왔던 것들에서 한 발짝 떨어져서 그것이 진짜 당연한지 뿌리부터 점검해보는 것이다.

근본을 흔드는 질문에 답이 있다

처음 스픽에 왔을 때 나는 유료 광고를 집행하는 퍼포

먼스 마케터라면 응당 해야 하는 일들을 했다. 고객이 브랜드를 인지하고 구매하기까지의 여정에 맞춰 마케팅 예산을 각 채널마다 분배하고, 리포트를 작성하고, 광고 채널을 최적화하는 일들 말이다. 나를 포함한 한국의 모든 퍼포먼스 마케터가 이 일을 하고 있었고, 스픽도 이 일을 하라고 나를 뽑았을 터였다. 그런데 본사와 함께하는 회의에 참석할 때마다 그들은 우리가 유료 광고를 통해 돈을 쓰지 않아도 유입될 유저들에게까지 괜한 돈을 쓰고 있지는 않은지, 유료 광고를 왜 해야 하는지, 가장 경제적인 광고 예산은 얼마인지 등 내가 하는 일의 근본을 흔드는 질문을 던졌다.

처음엔 그들이 야속하고 답답하기만 했다. 유료 마케팅은 초기 성장 단계의 서비스에서는 당연히 해야 할 마케팅 활동인데 그게 꼭 필요한지, 유료 마케팅이 매출에 가져다주는 증분이 얼마나 되는지를 샅샅이 밝히려는 그들이 이해되지 않았다. '내가 광고에 돈을 쓰는 게 싫은가?', '나는 돈 쓰는 마케터인데 이럴 거면 왜 뽑았지?'라는 생각도 들었다. 그래서 어느 날은 작정을 하고 그들에게 물어봤다. 왜 자꾸 그렇게 근본적인 질문을 하는 거냐고. 그들의 대답은 해맑고도 단순했다.

"진짜 궁금해서."

그들은 정말 그러한 내용들이 궁금해서 물어보는 것이었다. 우리가 당연히 하고 있는 일들이 정말 당연한 일인지, 우리가 최선이라고 생각하는 일들이 정말 최선이 맞는지, 더 좋은 최선은 없는지 정말로 궁금했던 것이다. 그러고 보니 나는 그들이 질문을 던질 때마다 그 질문을 방어할 생각만 했지, 정말로 내가 하고 있는 일에 대해 의구심을 가져본 적이 없었다는 사실을 깨달았다. 그리고 그들이 자주 물었던 다음의 두 가지 질문을 통해 '비즈니스의 세계에서 당연한 것은 없다'라는 단순한 진리에 다다를 수 있었다.

당연함을 부수는 질문 ①
ㅡ퍼널은 꼭 따라야 할까?

마케팅 용어 중에 퍼널Funnel이라는 말이 있다. 유저가 브랜드를 인지한 순간부터 판매 플랫폼에 방문해서 구매를 할까 말까 망설이다가 마침내 구매하는 모든 여정을 가리킨다. 퍼널은 흔히 아래로 갈수록 좁아지는 깔때기로 표현된다.

유저가 한 번 이 퍼널에 진입하면 유저는 서비스가 설계한 길을 쭉 따라 서비스를 경험하고, 구매까지 이어지는 각 단계마다 이탈이 일어나기 때문이다. 즉, 상단에서 많은 유저가 진입을 하더라도 아주 소수의 유저만이 인지부터 구매까지의 긴 여정을 무사히 마친다.

스픽은 모든 경험이 앱 설치에서부터 시작되고 앱에서 구매가 일어나는 대표적인 앱 서비스로 앱을 설치한 유저는 모두 '가입-7일 무료 체험-전환'이라는 앱 퍼널을 따른다. 그렇기 때문에 신규 유저 획득을 책임지는 그로스 마케터로 입사한 나는 당연히 더 많은 사람들이 스픽 앱을 다운로드 받도록 하는 앱 마케팅을 추진했다. 하지만 어느 날 그런 생각이 들었다. '왜 이 많은 사람을 무료로 체험시키고 7일이나 기다려야 하지? 유저 입장에서도 앱 구독 결제로 연간 구독권을 결제하는 것은 부담스러우니 웹사이트에서 바로 구매하게 하면 안 되나? 어차피 수업을 듣기 위해서는 앱을 설치할 수밖에 없고 유저 입장에서는 긴 퍼널을 거치지 않아도 되니 스픽과 유저 모두에게 좋지 않을까?'

그래서 나는 '스픽=앱 서비스'라는 개념을 깨고 모든 광고를 앱 다운로드 목적이 아닌 웹사이트에서의 구매를 목적으로 하는 웹 캠페인을 시작했다. 결과는 성공적이었다. 이미 앱 캠페인을 통해 스픽의 인지도가 많이 올라온 상태였고, 스픽을 구매할 수 있는 경로가 하나 더 열리니 방치되어 있던 스픽의 웹사이트에서도 구매가 일어났다. 고객이 연간 구독권을 결제할 때마다 스픽이 결제 플랫폼에 지불하는 결제 수수료도 웹사이트 결제가 앱 결제보다 훨씬 저렴하다 보니 재무적으로도 점점 건강한 그래프를 그릴 수 있었다. 서비스가 장기적으로 성장하기 위해 꼭 필요한 신규 유저를 획득하는 파이프라인이 하나 더 생긴 것이다. 그렇게 웹 캠페인에 사용하는 예산은 계속 증가해서 지금은 앱 캠페인과 함께 스픽에 없어서는 안 되는 캠페인이 됐다.

지금 돌이켜보면 '스픽=앱 서비스'라는 개념도 우리가 만든 프레임에 불과했다. 많은 사람이 매출이 안 나오면 퍼널의 어느 단계를 어떻게 고쳐야 할지 고민한다. 제품을 설명하는 상세 페이지에서 '장바구니 담기'가 많이 일어나지 않으면 상세 페이지를 더욱 매력적으로 개선하는 식이다. 하지만 이 퍼널이 우리에게 최선의 퍼널인지, 혹시 다른 퍼널은 없는지 한 발짝 떨어져서 고민하고 고쳐도 늦지 않다. 큰비가 지나가고 나면 있던 길이 사라지고 없던 길이 생기듯 빠르게 변화하는 시장에서 퍼널도 언제든 없어질 수도 바뀔 수도 있다. 퍼널의 형태와 종류보다 중요한 것은 '이보다 더 나은 최선'이 있을지도 모른다는 호기심이다. 이 호기심이 언제나 새로운 시도의 원천이 되어준다.

당연함을 부수는 질문 ②
—그게 최선이라고 어떻게 확신하는가?

당연함은 깨지기 전까지는 그것이 당연하다는 사실조차 인식하기 어렵다. 특히 마케팅은 사람의 심리와 행동을 기반으로 하기 때문에 상식으로 받아들여지는 부분들이 많다. 예를 들어 더 많은 판매를 위해 제품의 상세 페이지를 더욱 매력적으로 변경하는 것, 신제품을 출시하고 신제품을 홍보하기 위한 프로모션을 진행하는 것 모두 겉으로 봐서는 상식적인 이야기로 들린다. 그런데 이런 당연한 믿음이 깨지는 순간이 있다. 데이터가 내 상식과는 다른 이야기를 하고 있을 때다.

데이터는 보이지 않는 유저들의 활동을 추적하는 숫자다. 이 숫자의 흐름과 증감에 따라 유저들의 행동을 분석하고 이를 통해 얻은 인사이트를 바탕으로 대응책을 마련할 수 있다. 스픽에서는 대형 프로모션이 시작되기 몇 개월 전부터 유저로부터 인사이트를 얻기 위해 'AB 테스트'를 진행한다. 대형 프로모션이 시작됐을 때 상세 페이지에서 제품을 설명하는 순서는 어떠해야 할지, 가격을 보여주는 타이밍과 그 방식은 어떠해야 할지 등 성공적인 프로모션을 위해 우리가 미리 배우고 넘어가야 할 것들에 대해 모두 테스트한다.

상세 페이지에서 가장 주력으로 다루어야 할 기능으로는 무엇이 좋을지부터 어떤 혜택을 먼저 보여줄지까지 모든 게 결정의 대상이 된다. 물론 기획자도 사람인지라 자신이 공들여 만든 부분을 먼저 보여주고 싶다. 또한 어떤 메시지들은 '당연히 이게 좋지 않나?'라는 생각도 든다. 하지만 내게는 당연한 것일지라도 누군가에겐 전혀 당연하지 않을 수 있다. 우리는 모두 각자의 세상을 살기 때문이다. 새로운 기능이나 제품을 출시할 때도 마찬가지다. 신기능이라고 해서 무조건 앱의 모든 유저에게 100퍼센트 배포하거나 모든 마케팅 메시지를 신기능에 집중시키지 않는다. 전체 유저의 5퍼센트부터 점진적으로 앱을 배포하면서 우리가 만든 신기능이 유저들에게 충분히 매력적일 것이라는 확신을 가질 때까지 테스트와 개선을 반복한다.

마케팅 팀에서도 신제품에 팀의 많은 시간과 노력이 들어간 만큼 출시 전에 작은 예산으로 마케팅 메시지 테스트를 반복하면서 신기능을 고객에게 어떻게 소개하는 것이 가장 효과적인지를 빠르게 알아낸다. 그러다 보면 우리가 당연히 주력 소구 포인트라고 생각했던 기능들이 예상 외로 시장에서 싸늘한 반응을 얻는 경우를 만난다. 반대로 사소한 카피 한 줄이 큰 반응을 얻어 그 카피를 시작으로 메인 카피까지 잡아가는 경우도 많다. 우리에게는 몇 개월의 시간을 들여 만든 프리톡 기능이 너무 중요하지만, 정작 고객들에게는 스픽 앱 안에 있는 ASR(음성 인식 기술) 기능이 가장 중요하고 매력적일 수 있는 것이다. 신제품이라는 사실은 우리에게만 중요할 뿐 고객들에게는 전혀 중요하지 않다. 우리가 당연히 여긴 것들이 당연하지 않다는 것을 깨닫는 과정에서 자연스럽게 새로운 시도를 반복하다 보면 우리는 어느새 경쟁자들과 전혀 다른 플레이를 하고 있게 된다. 스픽의 마케팅이 다른 영어 교육 서비스와 어딘가 다르게 느껴졌다면 바로 이러한 이유 때문일 것이다.

원래 그런 퍼널도 없고, 영원한 최선도 없다. 우리가 우리 손으로 만든 당연한 것들을 우리 손으로 하나씩 부수어 나갈 때 더 나은 최선을 발견할 수 있을 뿐이다. 그러니 지금 돌파구를 찾지 못한 문제로 어려움에 처했다면, 마치 보물찾기를 하는 어린 아이처럼 호기심 가득한 눈으로 주변을 둘러

보자. 너무 오래되어 정설이라 불리는 개념들을 다시 들추어 보고, 나도 모르는 사이에 참이라 믿어온 가설들도 그것이 정말 참인지 뒤집어보자. 모두가 당연하다고 여기게 될 정답은 아이러니하게도 당연함을 깨고 나아갔을 때만 얻을 수 있다.

실리콘밸리의 '일잘러'들은 어떻게 회의하는가?

회의를 하는 한 시간을 어떻게 쓰는지 보면 해당 조직의 의사 결정이 어떻게 이루어지는지, 이들이 어떤 가치를 추구하며 일하는지 알 수 있다. 회사의 각 구성원들이 한자리에 모여 공동의 목표를 도출하는 회의의 과정이 회사를 운영하는 방식과 크게 다르지 않기 때문이다. 그래서 내가 처음 스픽에 왔을 때 가장 적응하기 어려웠던 것도 회의 문화였다. 스픽 이전의 나는 내 생각을 말로 전달하는 것에 큰 어려움이 없는 편이었다. 오히려 단조로운 회사 생활에서 이따금씩 있는 회의를 좋아하는 편이었다.

하지만 스픽의 회의는 달랐다. 모든 회의는 내가 준비

한 내용을 공유하고 그것에 대한 의견을 받는 형식이 아니라 토론 위주로 운영됐다. 처음엔 내가 회의에서 할 말을 모두 영어 스크립트로 준비하기도 했었다. 하지만 미처 생각지도 못한 질문들이 나오기 일쑤였고, 회의의 목적조차 이해하지 못해 시차까지 극복하며 애써 맞춘 회의 시간을 날리는 일도 빈번했다. 그러자 회의는 점차 부담스러운 일이 됐고, 나는 영어 회의를 피해 도망 다니기 시작했다. 하지만 회사 일이라는 게 피한다고 해서 피할 수 있는 것이 아니었다. 그렇게 나는 3년간 몇 백 개의 영어 회의에 참석하고, 그중에 대부분의 회의를 망치고, 또 약간의 회의를 성공적으로 이끌면서 스픽의 회의 문화를 내 것으로 흡수할 수 있었다.

스픽의 회의는 크게 각 나라별 달성도를 체크하는 체크인 회의, 중요한 사안에 대해 본사와 논의하는 의사 결정 회의, 하나의 프로젝트에 대해 모든 가능성을 열어놓고 이야기하는 아이디어 회의, 각국에 흩어진 팀원들이 모여 싱크 Sync를 맞추고 정보를 나누는 공유 회의로 이루어진다. 이 회의들을 스픽 본사 및 지사가 위치한 샌프란시스코, 한국, 슬로베니아, 뉴욕, 런던 등의 다양한 시차를 고려해서 잡아야 하다 보니 팀원들은 점점 시차 계산의 장인들이 되어간다. 그런데 어떤 회의를 하든 누구와 회의를 하든 모든 회의에는 공통적인 원칙이 적용된다는 것을 알게 됐다.

모든 내용은 사전에 준비한다

무엇보다 가장 큰 원칙은 모든 회의가 시작되기 전에는 회의록이 공유되어야 한다는 점이었다. 공유된 회의록에는 이 회의의 어젠다Agenda와 목적, 내가 공유할 내용 또는 의사 결정이 필요한 내용이 포함돼야 한다. 또한 디스커션 영역과 일종의 실행 계획인 액션 아이템도 포함된다. 내가 회의에서 공유할 내용은 회의에서 처음 듣는 사람도 이해할 수 있도록 작성한 뒤 미리 공유해 참석자들이 회의가 시작되기 전에 미리 읽고 들어올 수 있도록 해야 한다.

만약 이마저도 여의치 않으면 회의가 시작된 후 약 15분의 시간을 별도로 할애해서 이 문서를 읽는 시간을 갖는다. 이렇게 하는 이유는 모든 사람의 시간을 사용해 열린 회의인 만큼 그 시간을 더 값지게 활용하기 위함이다. (회의에 참석한 사람들의 시급만 계산해 봐도 회의 시간을 허투루 쓸 수 없게 된다.)

목적 중심의 회의를 한다

그다음으로 스픽에서는 회의를 시작하기에 앞서 이 회의가 열린 맥락과 목적, 이 회의를 통해 도출되어야 하는 것이 무엇인지를 명확히 한다. 부끄럽지만 나는 이 과정을 CEO인 코너와 COO인 콜튼, 재무 담당자의 시간을 잡아먹고서야 깨우쳤다. 샌프란시스코 본사에서 내가 1분기 동안 사용할 예산과 목표를 컨펌한 상태에서 나는 그 예산을 실제로 얼마만큼 사용할 수 있을지, 결과적으로 얼마만큼의 목표를 달성할 수 있는지에 대해 바텀업Bottom-up(상향식)으로 리뷰하는 과정을 거쳤다. 그 결과, 본사에서 처음 정한 목표를 달성할 수 있다는 결론이 나왔다.

이후 나는 들뜬 마음으로 코너와 콜튼과의 회의를 잡고 내가 어떤 과정으로 바텀업 목표를 도출했는지를 설명했다. 긴 설명 끝에 나는 우리가 처음 세운 목표를 '달성할 수 있을 것 같다'라는 결론에 도달했다. 회의가 시작되고 한참의 시간이 지나서야 내 결론을 들은 그들의 반응은 예상 밖이었다. "지안, 목표는 이미 세워졌던 것 아냐? 우리는 네가 그걸 어떻게 달성할지가 궁금한데?" 그렇다. 그들은 이 회의를 참석할 때 내가 이미 설정된 목표를 어떻게 달성할지에 관한 전략을 가져올 것이라 기대했다. 반면에 나는 그들이 세운 목표를 실무자 관점에서 따져봤을 때에도 달성 가능하다는 얘기를 하고 싶었던 것이다.

결국 그 회의는 목표 달성을 위한 전략 문서를 전달하는 것으로 보완하기로 하고 허무하게 끝이 나버렸다. CEO와 COO인 코너와 콜튼의 시간과 그 가치를 생각하면 내가 잡은 그날의 회의는 스픽에서 가장 비싼 회의였다. '회의를 시작하기 전에 이 회의의 목표와 기대치를 확인하기만 했어도 이런 일은 없었을 텐데'라는 생각에 회의를 마친 후에도 한참 동안 아쉬움이 남았다.

하지만 덕분에 나는 회의에 참석하는 모두가 각자 다른 목표를 기대한다는 사실을 새롭게 알게 됐다. 또한 회의를 주선한 사람이 생각하는 주제와 회의에 참석하는 사람들이 생각하는 주제가 완전히 다를 수 있음을 배웠다. 스픽의 회의록 최상단에 위치한 'Agenda(어젠다)'의 진짜 역할을 약간의 부끄러움과 팀원들의 시간을 대가로 치르고서야 깨닫게 된 것이다.

토론 중심의 회의를 한다

회의를 시작하기에 앞서 회의록을 공유하고, 그것을 미리 읽고 들어와 오늘 다루게 될 어젠다에 대해 합의를 맞추고 나면 그때부터 진짜 회의가 시작된다. 토론이 필요한 회의의 경우 담당자가 발표하는 시간은 최대한 줄이고, 다른 사람들은 회의록을 읽는 동안 이해되지 않았던 부분 또는 궁금했던 부분들에 대해 구두로 질문한다. 그러고 나서 의견 취합이 필요한 내용에 대해 토론을 시작한다. 만약 회의 자리에서 나온 질문이 모두가 함께 이야기하기에는 너무 세부적인 내용일 경우 문서 내의 댓글 기능을 활용한다. 만약 토론할 주제가 너무 많다면 가장 우선순위가 높거나 공통된 질문들을 추려 회의 시간을 안배한다. 이런 방식으로 인해 회의는 때때로 내가 준비한 내용과는 전혀 다른 토론으로 흘러가기도 하고, 생각지도 못한 질문에 당황할 때도 있다. 하지만 이런 방식 덕분에 팀원 모두가 더 넓은 시야로 일을 바라볼 수 있게 되는 것은 분명하다.

얼마 전 월간 리뷰 회의에서 있었던 일이다. 한 달간 우리가 어떤 일을 했고, 앞으로의 한 달은 어떤 일을 할지에 대해 이야기하는 자리였다. 그날 역시 토론에 앞서 모두가 문서를 읽는 시간을 갖고 이후에는 토론 주제 세 가지를 정해 이야기를 하게 됐다. 토론 주제 중 하나는 '우리가 다음 달에 기획하고 있는 프로모션을 통해 어떤 가설을 검증할 것이며, 검증된 가설을 내년 1월 성수기 프로모션에 어떻게 적용할 수 있는가?'였다. 실무진인 나는 이 주제를 보자마자 당장 다음 달 프로모션을 준비하느라 우리가 이 부분을 놓치고 있었음을 알아차렸다. 이 토론 덕분에 우리는 단순히 다음 달 프로모션을 준비하는 것에서 한 발짝 더 나아가 성수기인 1월 프로모션까지 미리 고려할 수 있었다. 단순히 내가 지난달에 한 일과 이번 달에 할 일을 공유하는 회의였다면 얻을 수 없는 시각이었다.

처음에는 이와 같은 스픽의 토론식 회의가 낯설고 모든 회의가 100분 토론을 하는 것처럼 어려웠다. 한국의 주입식 교육에 익숙했던 내게 토론은 곧 논쟁이었다. 누군가 내 의견에 반론하는 뉘앙스만 풍겨도 가슴이 쿵쾅거리고 "그래, 네 말이 맞아"라고 말한 뒤 도망치고 싶었다. 설령 나에게 다른 의견이 있어도 내가 이 의견을 말하면 상대가 당황할까 봐 내 의견을 말하지 못했다. 하지만 스픽의 토론식 회의에 익숙해질수록 토론의 목적은 더 나은 답을 찾기 위함임을 알게 됐다. 결국 우리가 하는 일이 더 잘됐으면 하는 마음, 더 나은 답을 찾을 수 있을 것이라는 믿음이 양질의 토론을 만드는 핵심이었다. 이런 마음만 있다면 내가 회의 자리에서 아무리 바보 같은 질문을 하고 엉뚱한 대답을 하더라도 상관없었다. 설령 바보 같은 질문으로 토론을 시작하더라도 토론의 끝에서는 반드시 더 나은 답을 찾을 수 있기 때문이다.

　물론 스픽의 모든 회의가 토론만 하다 끝나는 것은 아니다. 토론하는 과정에서 나온 액션 아이템과 그 액션 아이템을 최종 책임지는 사람(Directly Responsible Individual, 'DRI'로 약칭한다)을 정해 우리가 나눈 토론이 토론에서 그치지 않도록 한다. 액션 아이템이 바로 나오지 않는 경우에는 액션 아이템 대신 '넥스트 스텝Next step'이라는 항목을 만들어 우리가 다음 단계로 어떤 일을 해야 하는지, 어떤 회의가 필요한지를 정리하고 나서야 하나의 회의가 끝난다.

회의는 여럿이 모여 의논하는 것, 그 이상이다

　다양한 사람들과 다양한 회의를 하면 할수록 회의會議라는 것이 '여럿이 모여 의논함'이라는 사전적 의미 그 이상임을 배운다. 회의는 절대 여럿이 모이는 것만으로 이루어지지 않는다. 회의는 회사를 운영하는 것만큼이나 전략적이고 경제적으로 이루어져야 한다. 하루 여덟 시간의 근무 시간 중 한 시간을 할애해 회의를 하는 것은 절대 작은 일이 아니다. 만약 한 시간짜리 회의에 여덟 명이 참석한다면 이 회의는 총 여덟 시간 이상의 효용과 효율이 있어야 한다.

하지만 이번 주에 내가 했던 회의들을 돌아보면 그 효율이 총 한 시간에도 못 미치는 회의들이 많다. 자신의 업무 캘린더에 예정된 회의들을 나열하고 그것들의 목적과 방식을 정리해 보는 것만으로도 좋은 시작이 될 수 있다. '안 하면 불안하니까', '내가 입사하기 전부터 해왔으니까'라며 관성적으로 하는 회의를 줄이고, 나와 우리 조직을 더 좋은 결과로 이끌어줄 수 있는 회의와 그 방식들을 늘려가면 된다. 물론 한 번의 회의를 다르게 한다고 해서 회사가 달라지진 않을 것이다. 하지만 한 시간짜리 회의를 하는 데에도 더 나은 최선이 있다는 믿음, 그것이 무엇인지를 찾고자 하는 긍정적인 호기심이 조직의 운명을 바꿀 것이다.

Problem Solver

문제를 해결하는 사람이 되자

작지만 위대한 팀을 만드는 마인드셋

사회생활을 하며 깨달은 진리가 하나 있다면 모든 일은 사람이 한다는 것이다. 지금 당신이 읽고 있는 이 책도 나를 비롯한 많은 사람의 손을 거쳐 사람인 당신에게 닿았다. 인간보다 뛰어나다는 인공지능도, 스픽의 음성 인식 기술도 역시 사람이 만들었다. 로우 에고 프로페셔널리즘의 두 번째 열쇠 역시 사람이다. 아무리 큰 회사도, 세상을 혁신한 서비스도 결국 사람으로부터 시작된다. 그들의 공통점은 모두 문제 해결자라는 것이다. 그렇다면 문제 해결자란 누구인가?

스픽 마케터로서 업계 사람들을 많이 만나면서 나는 사람들이 어렴풋하게 스픽 팀에 대해 오해하고 있음 알게 됐다. 스픽이 실리콘밸리 기업으로 알려진 데다 CEO 코너의 인터뷰가 한국에도 종종 소개되다 보니 한국 지사에서 일하는 서울 팀 역시 유학파 내지 명문대 출신일 거라고 생각하는 것이다. 그러나 사실은 그 반대다. 개인마다 차이는 있지만 스픽 한국 지사 서울 팀 사람들은 대개 국내 4년제 대학 출신이거나 외국 경험은 몇 개월간의 어학연수가 전부인 사람들이다.

하지만 이들은 한국에서 스픽 앱을 출시한 지 3년 만에 500만 다운로드라는 성과를 만들어내고, 2024년에는 스픽이 기업 가치 1.4조 원의 유니콘으로 성장하는 데 든든한 지렛대 역할을 했다. CS팀과 인턴까지 모두 합쳐 총 스무 명이 안 되는 인원으로 지난 몇 십 년 동안 톱 플레이어가 바뀌지 않았던 한국 영어 교육 시장에 균열을 만들고, 5년간 100배 성장이라는 놀라운 결과를 만들어냈다. 세상의 기준으로는 화려한 스펙을 갖추지도 않은 이들이 어떻게 이런 결과를 만들어낼 수 있었을까? 그들은 어떤 사람들이기에 이토록 눈부신 결과를 만들어내고도 이 정도쯤은 아무것도 아니라는 듯 덤덤한 태도로 더 큰 성장을 향해 나아가고 있는 것일까?

문제 해결자 마인드셋이란?

이 책을 쓰기 위해 한국 팀원들에게 로우 에고가 무엇인지 물었을 때 한 팀원으로부터 '내가 누구인지에 집중하기보다 문제를 해결하는 것에 집중하는 마음'이라는 답을 들었다. 내가 어떤 직무로 어떤 경력을 쌓느냐보다 주어진 문제를 해결하는 것에 더 집중하는 일이 중요하다는 말이었다. 내가 직접 겪은 스픽 사람들은 겉으로 봤을 때에는 연봉을 높여서 이직하는 것에 큰 욕심이 없어 보인다. 회사 내에서 승진을 하거나 더 큰 권한을 갖는 것에도 관심이 없는 듯하다. 그렇다 보니 커리어에 큰 욕심이 없는 것 같다는 오해를 사기도 한다. 하지만 이들은 자신이 세상에서 어떤 직책으로 불리고 얼마만큼의 연봉을 받느냐보다 현재 팀이 당면한 문제를 해결해 내고, 이후에는 그보다 더 큰 문제를 해결하는 데에서 더 커다란 성취를 느끼는 것일 뿐이다.

물론 각자의 직무와 영역은 분명히 있다. 예를 들어 내 명함에는 '그로스 마케터UA'라는 직무가 적혀 있다. 나의 주요 업무는 새로운 유저를 획득User Acquisition하기 위해 유료 광고를 운영하는 것이다. 하지만 나는 내 정체성을 유료 광고를 운영하는 마케터로만 제한하지 않는다. 새로운 유저를 획득

할 수만 있다면 유료 광고가 아닌 일도 당연히 할 수 있다고 생각한다. 내 명함에 적힌 직무가 무엇이든 결국 내가 스픽에서 하는 모든 일은 스픽의 서비스를 성장시키려고 하는 일이다. 내가 운영하는 유료 광고 업무 역시 목표 달성을 위한 하나의 도구일 뿐이다. 내가 문제를 해결하는 데에 현재로서는 유료 광고가 필요해서 하는 것이지 내가 유료 광고를 하는 마케터라서 유료 광고 운영 업무를 하는 것이 아니다.

누군가는 이런 모호한 정의가 내 전문성이 떨어뜨리지는 않을지, 내 경력이 이도 저도 아닌 '물경력(커리어 성장이 정체된 상태)'이 되는 것은 아닐지 걱정하기도 한다. 하지만 나는 아무도 풀지 못한 문제를 나만의 방식으로 해결하고 회사를 압도적으로 성장시키는 것이 커리어를 쌓는 가장 빠른 방법이라고 믿는다. 물론 가끔은 '마케터로서 어떤 경험을 쌓는 것이 내 커리어에 도움이 될까?'라는 생각에 불안해질 때도 있다.

하지만 이 고민에는 답이 없을 뿐만 아니라 엉덩이만 무겁게 할 뿐이다. 아이러니하게도 '내 경력을 어떻게 쌓을까?'를 고민하는 대신 '우리가 성장하기 위해 나와 우리 팀이 해결해야 하는 문제는 무엇이고, 그 방법은 무엇인가'를 고민할 때 진짜 경력이 쌓인다. 어떤 회사에서 어떤 문제를 맞닥

뜨리더라도 해결할 수 있는 문제 해결력이 곧 진짜 경력이기 때문이다.

오너십, 문제 해결력의 핵심

스픽에 입사하면 스픽의 일하는 문화와 가치를 정리해둔 '스픽 핸드북'이라는 문서를 읽게 된다. 그 문서에는 우리가 믿는 일의 가치와 서비스의 비전 등이 정리가 되어 있는데 그중 가장 상단에 적힌 가치가 있다. 바로 오너십Ownership이다. 오너십이란 한국말로 굳이 번역하자면 '주인의식'으로 온전히 문제를 나의 것으로 'Own(소유)' 하는 것을 의미한다. 오너십의 핵심은 '주도성'으로 스스로 주도적으로 문제를 해결하겠다고 결정하고 적절한 행동을 취하는(액션, Action) 것이다.

오너십은 타인이 내게 강요할 수도 없고, 내가 다른 사람에게 쥐어줄 수도 없다. 그렇게 내가 주도적으로 발굴한 오너십은 팀의 문제 해결력을 높이고, 오너십을 발휘하는 팀원이 많아질수록 팀이 해결해 내는 문제들의 난도와 수준은 높아진다. 스픽에 들어오기 전에 나는 누군가 '오너십'이라는 단어를 꺼내거나 "주인의식 좀 가져"라고 말하는 것을 들을 때마다 그 사람을 꼰대 취급을 했다. 회사의 주인도 아닌 일개 직원에게 주인의식을 강요하는 것 자체가 모순이라고 생각했기 때문이다. 그저 월급에 상응하는 만큼의 일을 하고 몇 년 뒤 내 경력을 돌아봤을 때 잔잔한 성취감 정도만 남으면 그것으로 충분하다고 생각할 때도 있었다. 하지만 스픽에서 나는 회사의 주인이 아닌 철저히 실무자로서 오너십을 갖게 되는 경험을 했다.

스픽에서는 아무도 내가 해야 할 일을 정해주지 않는다. 물론 여느 회사들처럼 전사가 달성해야 하는 하이 레벨의 목표가 있고, 목표를 달성하기 위해 리더들이 전략을 설정하는 과정이 있다. 하지만 매 분기마다 내가 달성해야 하는 목표와 전략들은 모두 내 손에서 시작되어야 한다. 내가 내 손으로 이번 달과 이번 분기의 목표를 세우는 과정은 마치 채무를 갚겠다는 각서를 쓰는 것처럼 괴로운 일이다. 차라리 위에서 일방적으로 내려오는 목표라면 '목표가 너무 높았다'라거나, '나는 이런 목표에 동의한 적이 없다'라고 변명이라도 할 수 있다. 반면에 내가 달성하겠다고 적어낸 목표에는 도망갈 구멍이 없다. 목표를 설정하는 것뿐 아니라 목표를 달성하기 위한 전략과 방향성(스픽에서는 이를 '이니셔티브Initiative'라고 부른다. 뒤에서 이 단어가 종종 등장할 것이다)을 설정하는 것 역시 온전히 내 몫이다. 가끔은 목표를 너무 높게 설정한 과거의 내가 원망스러워지기도 하고, 매주 미팅에서 리더들이 목표 달성 현황을 물을 때마다 그들이 사채업자처럼 느껴지기도 한다.

하지만 결국 목표와 전략을 세운 사람도 나이고, 이 문제를 해결할 사람 역시 나라는 것은 변함없는 사실이다. 피할 수 없는 것이다. 나는 이렇게 가슴이 답답해지는 순간부터 진정한 오너십이 시작된다고 믿는다. 오너십이라는 단어만 놓고 보면 자신감이 넘치고 쿨해 보이는 인상이 든다. 마치 모든 악당을 한 손으로 멋지게 무찌르는 영웅의 기개가 느껴진다고나 할까? 하지만 진짜 오너십은 성과 압박, 스트레스, 도망치고 싶은 마음으로 가득하다. 그럼에도 불구하고 내가 설정한 이 문제를 스스로 해결해 내고 싶은 마음, 문제로부터 도망치지 않기로 선택하는 태도야말로 내가 경험한 진짜 오너십의 모습이다.

결과적으로 스픽 한국 지사 서울 팀은 우리가 설정한 목표를 지난 3년간 한 번도 빠짐없이 모두 달성했다. 전부 우리 손으로 세우긴 했지만 '이게 진짜 될까?' 싶을 정도로 높은 목표들이었다. 상위 리더가 정한 목표를 전달받는 실무자의 관점에서 벗어나 문제 설정부터 문제 해결까지 업무의 전 과정을 책임지는 진짜 오너십을 경험하고 나니 스픽 이전의 목표들이 왜 항상 목표에만 머물렀는지를 이해할 수 있었다. 내가 설정한 목표와 문제조차 던져버리고 싶어지는 게 사람 마음인데 남이 설정한 문제, 내가 동의한 적이 없는 전략과 계획에 오너십이 생기지 않는 것은 당연하기 때문이다.

팀원들에게 오너십을 심어주려면

목표 설정과 전략 설정에 팀원을 참여시킨다고 해서 오너십이 바로 장착되는 것은 아니다. 리더들은 구성원이 계획한 전략을 실행할 수 있도록 충분한 권한과 보상을 보장해주어야 한다. 스픽 역시 전략을 세우고 실행함에 있어 충분한 합의가 이루어지면 이후 디테일한 의사 결정은 스스로 할 수 있게 허용한다. 또한 성과에 따라 6개월에 한 번씩 인사 평가 및 보상을 제공한다. 그렇지만 나는 우리가 6개월 뒤에 주어질 경제적 보상을 기대하고 오너십을 발휘하는 것은 아니라고 믿는다. 개인에게는 문제를 해결하는 데에서 오는 성취감이, 팀에는 '우리는 뭘 해도 해내는 팀'이라는 위닝Winning 마인드셋을 갖게 되는 것이 가장 즉각적인 보상으로 다가오기 때문이다.

가끔은 '직장에서 문제를 해결하는 것이 개인의 인생에 무슨 의미가 있나?' 하는 생각을 안 하는 것은 아니다. 동시에 내가 설정한 문제를 어떻게든 해결하고 싶어서 샤워를 하면서도 문제를 고민하는 나를 발견한다. 나뿐만이 아니라 많은 팀원이 늦은 밤에도 떠오르는 아이디어가 있으면 수시로 슬랙Slack(팀원 간 실시간 소통과 협업을 위한 통합 커뮤니케 이션 플랫폼)에 남겨두고 깨어 있는 사람들끼리 수다 한판이 열리곤 한다. 아무도 강요하지 않았지만 끊임없이 문제를 생각하고 해결 방법을 찾는 팀원들의 모습을 보면 마치 어린 아이가 블록을 쌓고 무너뜨리고 또 쌓으며 노는 모습을 보는 듯하다. 아이에게 그 순간만큼은 블록 쌓기가 인생에 가장 중요한 문제이고 그 과정 자체가 성취감과 기쁨을 주는 놀이인 것처럼 문제를 해결하는 그 순간만큼은 당면한 문제가 내 인생의 어떤 문제보다 중요하고 성취감을 주는 놀이인 셈이다.

내가 누구인지, 어떤 이름으로 불리는 사람인지보다 문제를 해결하는 것이 가장 중요해질 때, 그리고 그 문제가 온전히 내 문제라 여겨질 때, 우리는 더 큰 성장을 경험할 수 있다. 안타깝게도 그 과정은 절대 쿨하거나 멋지지 않다. 문제를 해결해 나가다 보면 끊임없이 '이렇게까지 해야 하나' 싶어 억울한 마음이 울컥울컥 올라오기도 할 것이다. 하지만 그럴 때마다 그 마음에게 정중히 말해보자. 먼저 이 문제를 해결하고 나서 다시 이야기를 나눠보자고. 그래도 늦지 않다고. 그렇게 또 정신없이 문제를 해결하고 나면 내가 해결한 문제는 또 다른 이정표가 되어 새로운 방향을 가리키고 있을 것이다. 그러면 우리는 또다시 더 멋진 문제를 해결하러 떠나면 된다. 그 여정을 통해 우리는 우리 안에 어떤 문제라도 해결해낼 수 있는 능력이 있음을 깨닫게 될 것이다. 그리고 그 여정의 끝에서 내가 상상했던 성장의 수준을 아득히 넘어선 나를 만나게 될 것이다.

퍼즐형 인재로
경계 없이 일하려면

한때 T자형 인재가 스타트업 시장에서 주목받을 때가 있었다. T자형 인재는 자신의 전문 분야에 대해 깊이가 있으면서도 다양한 분야에 걸쳐 넓은 지식이 있는 인재를 가리킨다. 구성원 한 명 한 명이 소중한 스타트업에서는 선호할 수밖에 없는 인재상이기도 하다. 넓은 의미에서 보면 스픽에도 T자형 인재들이 모여 있다. 그런데 T자형 인재라는 용어만으로는 스픽의 구성원들이 어떻게 일하고 협업하는지 설명하는 데에 한계가 있다. 그래서 나는 T자형 인재 대신 '퍼즐형 인재'라는 용어를 제안하고 싶다.

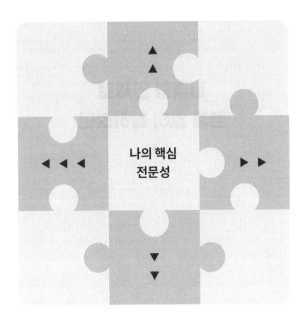

일을 되게 만드는 데에 필요한 확장된 능력들

이제는 T자형 인재 대신 퍼즐형 인재

퍼즐형 인재란 자신의 핵심 전문성을 지닌 동시에 일을 되게 만드는 데 필요한 확장된 능력도 함께 지닌 인재를 말한다. 페이드 마케팅, CRM 마케팅, 브랜드 마케팅 등과 같은 자기만의 특화된 전문 업무를 담당하는 것과 동시에 일이 되게 하는 데 필요한 업무라면 기꺼이 자신이 하는 일의 경계를 넓힐 줄 아는 사람인 것이다. 회사의 성장기에는 회사가 성장하는 속도를 구성원들의 리소스가 따라가지 못하는 시점이 발생한다. 회사 입장에서는 가장 행복하고 구성원 입장에서는 가장 일이 많은 시기다. 이 시점에는 명확한 직무로 구분되지 않는 영역의 일들이 세포가 분열하듯 생겨난다. 이때 자신의 본진(전문 영역)을 지키면서도 하나의 퍼즐에 다른 퍼즐을 이어 붙이듯 업무의 영역을 확장하는 사람이 바로 퍼즐형 인재다.

이것은 단순히 넘쳐나는 일을 한 사람이 모두 처리하는 개념과는 다르다. 이들의 목표는 할 일을 모두 처리하는 것이 아니라 문제를 해결하기 위해 필요한 일들을 하면서도 팀의 속도를 늦추지 않는 것이다. 예를 들어 페이드 마케팅을 하는 나의 주된 핵심 전문성은 디지털 광고 운영이다. 하지만 결국 나의 상위 목표는 디지털 광고의 효율을 개선하고, 신규 고객을 확보하는 것이다. 그렇기에 디지털 광고의 효율을 높일 수만 있다면 광고에 필요한 랜딩 페이지 기획 및 광고에 필요한 인플루언서 커뮤니케이션까지 모두 내 할 일에 포함된다.

브랜드 마케터인 두현의 경우 스픽의 브랜드 인지도

를 높이기 위한 온드 미디어Owned media(기업 및 브랜드가 자체적으로 운영하는 미디어) 운영을 하면서도, 브랜드의 현재 상황을 가늠하기 위한 유저 인터뷰, PR 업무까지 모두 맡는 식으로 한 사람이 커버하는 업무 영역이 넓은 편이다. 물론 다른 사람을 채용해 업무를 배분할 수도 있지만 채용에는 시간이 걸린다. 따라서 일의 속도를 늦추지 않기 위해 일단 내가 그 일을 하면서 실제로 얼마나 많은 시간이 필요한지, 새로운 사람을 채용하는 것이 필요한 일인지, 그렇다면 어떤 사람이 필요한 일인지를 판단한다.

물론 사람에 따라 이런 방식이 자칫 업무 과중으로 느껴질 수 있거나 체계가 없게 느껴질 수 있다는 것을 잘 안다. 하지만 이렇게 서로의 경계가 흐릿하게 일하는 것이 팀의 문화로 자리를 잡게 되면 팀에는 개인의 전문성만으로는 상상하기 어려웠던 (긍정적인 방향의) 일들이 생겨나게 된다. 수소 원자와 산소 원자들이 결합해 완전히 새로운 물 분자를 만드는 것처럼 전혀 다른 전문성들이 결합하며 완전히 새로운 결과가 나오는 것이다.

게시글 하나에서 시작된 '천하제일 변명 대회'

`

2024년 5월에 했던 '천하제일 변명 대회' 역시 그랬다. 4월 1일 만우절에 스픽의 브랜드 마케터인 두현은 인스타그램을 통해 영어 공부를 안 하는 이유를 밝히는 댓글 이벤트를 열었다. 이 중 생각지도 못한 재치 있는 변명을 대는 분께 선물을 드리는 이벤트를 진행했다. 출근길에 악어가 핸드폰을 가져가서 영어 공부를 못했다는 등 창의적인 답변들이 댓글로 달렸다. 두현은 여기에서 힌트를 얻어 전 국민을 대상으로 한 '천하제일 변명 대회'를 기획했다. 곧이어 CRM 마케팅 Customer Relation Management Marketing(고객 데이터를 기반으로 고객과의 관계를 강화하고 가치를 극대화하는 마케팅) 담당자이면서 동시에 팀의 웹 퍼블리싱을 도와주는 민규가 사람들이 영어 공부를 그만둔 이유를 작성할 수 있는 웹사이트를 만들고, 주로 광고 소재를 제작하는 마케팅 디자이너인 근희가 웹사이트를 디자인했다.

그 결과, 13일간 총 1만 2000명이 '천하제일 변명 대회'에 참석했다. 두현은 이 대회를 주최한 것에서 멈추지 않고 위트 넘치고 기발한 변명들을 수상작으로 선정해 지하철 2호선의 일부 열차를 빌려 전체 칸에 수상작 전시를 열기도 했다. 시작은 온드 미디어에 올라간 게시글 하나였지만 각자의 전문 영역을 확장시키다 보니 초기의 작은 아이디어가 지하철 전시로까지 확장될 수 있었던 것이다. 디자인 팀 역시 단순히 자신들의 역할을 기획된 상세 페이지나 광고 소재를 디자인하는 것으로 한정짓지 않는다. 디자인은 우리가 문제를 해결하기 위한 수단이다. 따라서 디자이너 스스로 더 좋은 성과를 내기 위해 직접 카피를 작성하기도 하고, 보통은 마케터가 하는 상세 페이지 기획을 디자이너가 직접 하기도 한다. 스픽 마케팅 팀이 이렇게 일하는 것을 억울하게 여기기보다 오히려 즐길 수 있는 이유는 무엇일까? 그것은 이들이 '내가 누구이고 내가 하는 일의 정의가 무엇인지'를 중시하기보다 '내가 하는 일이 우리의 목표를 달성하는 데에 도움이 된다면 일단 하고 보는' 사람들이기 때문이다.

퍼즐형 인재들로 팀 구성하기

퍼즐형 인재로 압도적인 결과를 내는 팀은 그저 일당백인 팀원들을 모은다고 해서 만들어지지 않는다. 퍼즐형 인재로 팀을 구축하는 것은 팀원들의 능력을 최대한 활용하면

틀려라, 트일 것이다

서도 각 능력들의 시너지를 극대화하는 시스템이다. 각기 다른 레고 블록들이 조립되어 자동차도 됐다가 집이 되기도 하는 것처럼 각 팀원들을 어떤 모습으로 조합하느냐에 따라 완전히 새로운 그림을 그릴 수도, 그저 팀원이라는 블록들의 조합에 그칠 수도 있다. 이는 채용할 때 더 극적으로 나타난다.

스픽의 입사 면접 과정에는 '컬처 핏Culture-fit(조직 문화 적합성)' 면접이 있다. 이 면접에서는 학력과 경력을 떠나 이 사람의 강점과 약점, 성향과 바이브가 우리 팀과 적절한 시너지를 낼 수 있는 사람인지를 중점적으로 보다. 아무리 예쁜 모양의 퍼즐 조각이라도 모든 그림에 딱 들어맞지 않듯 지원자가 아무리 훌륭한 경력을 가졌어도 그가 가진 경험과 능력이 우리가 완성하고자 하는 그림에 들어맞지 않으면 채용하지 않는다. 그렇기에 리더는 구성원들의 리소스뿐 아니라 현재 팀에서 누가 누구와 어떤 시너지를 만들어내고 우리 팀에 필요한 조각이 어떤 사람인지 명확하게 파악하고 있어야 한다. 뛰어난 사람을 뽑는 것도 중요하지만 새로운 사람이 팀에서 일으킬 새로운 화학작용까지 내다보아야 하는 것이다. 이것이 퍼즐형 인재들로 완전한 팀을 이루는 방식이다.

이렇게 만들어진 팀은 지금껏 누구도 상상하지 못했던 일들을 생각지도 못한 방법으로 해결한다. 퍼즐 조각 하나만 떼어놓고 보았을 때에는 어딘가 엉성해 보이기도 하고 어디에 쓰는 물건인가 싶지만 그것들이 다른 조각과 연결되면 멋들어진 새로운 작품이 만들어진다. 퍼즐형 인재들이 시너지를 내기 시작하면 성장의 가능성은 무한해진다. 일의 경계를 지우고 일의 영역을 확장하는 것은 자신의 경계를 지우고 자신을 확장하는 것과 같다. 모두가 일의 경계를 넓힐 때 개인으로서는 상상할 수 없었던 새로운 그림을 만들 수 있을 뿐 아니라 개인의 삶 역시 확장되기 때문이다.

장처취장(長處取長),
잘하는 것을 잘하기

사람에게는 모두 타고난 강점과 약점이 있다. 어려서는 장점과 단점이라는 단어를 자주 사용했지만 어쩐지 사회인이 되고 나니 강점과 약점이라는 말을 더 자주 만나게 된다. 자기소개서나 이력서에서 자신의 강점과 약점을 서술하라는 문항을 만날 때마다 강점 같지 않은 강점을 쓰고 약점 같지 않은 약점을 써냈다. 그럴 때마다 내가 마치 게임 속 캐릭터가 되어 나의 능력치를 기술하는 기분마저 들었다. 그런데 인간으로 사는 것은 참 얄궂어서 모두가 꼭 〈철권〉 게임속 캐릭터인 양 누군가 공격력이 뛰어나면 방어력이 떨어지고, 누군가 명중률이 높으면 속도가 떨어지는 식으로 반드시 강점과 약점을 동시에 부여받는다.

둘 중에서 먼저 주목받는 것은 강점이다. 하지만 내가 가진 강점은 금세 밑천을 드러내고 이윽고 내 약점이 내 발목을 잡기 시작한다.

"이제 콘텐츠 역량보다 데이터 역량을 키워야겠어."
"디자인만 하지 않고 기획을 할 수 있어야 해."

강점은 어느새 당연한 것으로 여겨지고 내가 채워야 할 약점들만 자꾸 더 크게 느껴지는 것이다. 많은 팀이 성장 극초반에는 그 팀만의 강점으로 빠르게 성장하다가 회사 상황이 어느 정도 먹고살 만해지면 팀의 약점을 개선하는 것에 집중한 나머지, 팀을 현재의 궤도에 올려준 강점을 잊어버리곤 한다. 약점 하나 개선해서는 팀의 팔자를 바꿀 수 없는데도 말이다.

잘하는 것을 잘할 때 팀의 팔자가 바뀐다

팀의 팔자를 바꾸려면 팀의 강점에 집중해야 한다. 성

장하는 스타트업에서는 한 명 한 명의 퍼포먼스가 회사의 명운을 가르기 때문이다. 스포츠 팀에서는 내가 부상을 당했을 때 나 대신 경기를 뛰어줄 후보 선수들이 있지만 대부분의 스타트업에서는 그렇지 않다. 내가 바로 오늘 점수를 내야 하는 선수이고, 내 기량이 곧 회사의 기량이다. 그런 상황에서 만약 오른손 투수인 내가 약점인 왼손 투구 폼을 개선하기 위해 왼손으로 공을 던지면 어떻게 될까? 그것도 우리 팀의 리그아웃을 결정짓는 본 게임에서 말이다. 새로운 시도를 통해 개인의 약점은 조금 개선될지 몰라도 팀의 승리는 보장할 수 없을 것이다.

물론 자신의 약점을 개선하기 위해 새로운 방식의 훈련은 할 수 있다. 하지만 실전에서는 다르다. 내 약점이 아무리 크게 보일지라도 팀의 승부가 걸린 게임에서는 내 강점을 최대한 발휘하는 데 중심을 두어야 한다. 만약 스타트업에서 개개인이 자신의 약점을 개선하는 데에 몰두한다면 조직이 치러야 할 대가는 쓰다. 성장 속도가 느려지는 것이다. 개인의 약점이 강점이 될 때까지 팀이 기다려줄 수 있다면 문제가 없겠지만, 하루하루의 성장이 시급한 스타트업에서는 이야기가 다르다. 팀원의 성장을 기다리다가는 모두가 위험해질 수 있다. 팀원 개인의 입장에서는 약점을 강화하는 것이 앞으로의 커리어 방향성이나 경쟁력을 갖추는 데 유리하기 때문에 자꾸 약점을 보완하고 수정해 나가는 일에 마음이 가는 것은 당연하다. 하지만 이 사실만은 분명하다. 약점에 집중할수록 팀의 성장 속도는 늦춰지고 그렇게 놓친 기회는 다시 돌아오지 않는다는 것이다.

각자의 강점에 집중하자 생긴 놀라운 변화

스픽 역시 모든 팀원의 강점과 약점이 뚜렷하다. 마치 한쪽이 튀어나오면 반대편 한쪽은 움푹 들어간 열쇠 구멍처럼 팀원 모두가 상호 보완적인 강점과 약점을 가지고 있다. 누군가 아이디어를 발산하면 누군가는 그 아이디어를 수렴하고, 누군가 문과적 사고에 특화되어 있으면 누군가는 반드시 이과적 사고에 특화되어 있다. 스픽 한국 지사가 성장하기 시작한 것도 바로 이 강점과 약점을 잘 활용하면서부터였다. 우리는 누구보다 자신의 강점만큼이나 약점을 잘 알고 있었다. 하지만 작은 규모의 팀으로 스픽 한국 지사의 모든 성장을 책임져야 했던 우리에게 약점을 채울 시간 같은 것은 없었다. 약점 없는 인간이 되는 것보다 잘하는 일을 훨씬 더 잘해서 성장의 속도를 늦추지 않는 것이 더 중요했다.

　　예를 들어 기술적인 것에 약한 내가 웹플로우Webflow
와 같은 홈페이지 제작 툴을 활용해서 홈페이지를 제작하려
면 일주일이 걸리는데, 이 영역에 강점을 가진 민규가 그 일
을 하루 만에 할 수 있다면 그 일이 비록 내 필요로 생긴 일이
더라도 민규가 그 업무를 기꺼이 맡는 식이었다. 이런 방식은
어떻게 보면 특정 강점을 가진 팀원에게 일이 몰릴 것 같지만
장기적으로 보면 그렇지 않다. 가령 민규의 일이 내게 직접
돌아오지 않더라도 팀 내에서 기획이 필요한 일을 내가 기꺼
이 맡음으로써 팀 내 리소스는 균형점을 찾는다.

　　물론 처음부터 마음 편하게 서로의 강점을 활용한 것
은 아니었다. 내가 못하는 일을 누군가가 대신 한다는 게 내
일을 남에게 부탁하는 것도 같고 내 능력 부족 때문인 것 같
아서 그 약점을 개발하기 위해 시간을 쏟기도 했다. 하지만
어느 순간 우리는 그 모든 노력이 일의 속도를 늦추고 서로의
자신감을 갉아먹는 일임을 깨달았다. 그리고 자연스럽게 '잘
하는 걸 끝내주게 잘하자'가 우리 팀의 일하는 규칙이 됐다.
이 규칙이 적용되는 순간부터 팀원들은 일을 그냥 해내는 수
준이 아니라 '끝내주게' 잘해내기 위한 고민을 시작했고, 일의
속도는 합을 맞추면 맞출수록 더욱 빨라지기 시작했다.

잘하는 것을 잘하기 위한 전제 조건

잘하는 것을 잘하는 것. 너무나 당연한 이야기 같지만 이것이 조직문화로 자리 잡는 것은 못하는 것을 더 잘하게 만드는 것보다 훨씬 어렵다. 왜냐하면 잘하는 것을 잘하기의 본질은 내 약점을 약점으로 온전히 받아들이고 이를 자신뿐만 아니라 다른 팀원들 앞에서 공개적으로 인정하는 것이기 때문이다. 이는 자신의 약점을 숨기고 강하게 보여야만 살아남는 기존의 생존 방식을 거스르는 일이다. 그렇기에 잘하는 것을 잘하기 위해서는 내가 약점을 내보여도 상대가 그 약점으로 나를 공격하지 않을 것이라는 믿음, 내가 강점을 발휘하는 만큼 다른 팀원들도 자신의 강점을 충분히 발휘할 것이라는 믿음이 전제되어야 한다.

이러한 믿음 위에서 오직 문제 해결이라는 공동의 목표를 위해 달리기 시작하면 더 이상 약점에 대해 고민하지 않게 되는 시점이 온다. 나의 소중한 에너지를 내 약점이 무엇인지, 그것을 어떻게 극복해야 할지 고민하는 데 쓰기보다 오직 내 강점에만 쏟게 되는 것이다. 자존감이 높은 상태일 때 오히려 자신의 자존감이 높은지 여부를 고민하지 않는 것처럼 약점에 대해 더 이상 생각하지 않게 될 때 우리는 비로소 약점을 극복하게 된다. 지금 만약 사람들이 나에게 기대하는 역할에 부응하기 위해 약점을 개선하고 있다면 잠시 멈추어 생각해 보자. 더 큰 목표를 달성하고 더 높은 수준의 문제를 해결하기 위해 내가 해야 하는 일이 진짜 그 일이 맞는가? 약점을 돌보느라 내가 가진 강점마저 빛을 잃고 있진 않은가? 팀원 모두가 약점 콤플렉스에서 벗어나 저마다 가진 강점 하나를 뾰족하게 하는 것에 모든 에너지를 쏟기 시작한다면 우리 팀은 어떤 모습이 될까? 확실한 것은 나의 약점을 고만고만하게 고쳐서는 팀의 팔자를 못 고치지만 내 강점을 끝내주게 발휘하면 팀의 팔자가 바뀐다는 것이다.

일의 순도를 높여라

직장인은 시간 노동을 한다. 기본적으로는 하루 여덟 시간, 때로는 그 이상으로 노동한다. 무표정한 얼굴로 책상에 앉아 주어진 모든 일을 쳐내는 우리의 모습은 마치 무서운 속도로 날아오는 여러 개의 테니스공을 하나도 놓치지 않고 쳐내는 근면한 운동선수와도 같다. 하지만 시간이 지날수록 이 소모적이고 반복적인 일상에 의구심이 들기 시작한다. '내가 이 모든 일들을 쳐내는 것이 무슨 의미가 있는가?'로 시작된 의구심은 상사의 눈치를 보느라 온 에너지를 쏟고 퇴근하는 길에, 겨우 한 장짜리 보고서를 몇 날 며칠을 야근하며 준비하는 날에 내 뒤통수를 갈긴다. 이렇게 사는 게 맞느냐고. 하지만 얼얼함도 잠시, '회사 생활이 다 그렇지 뭐'라는 머쓱한 변명으로 다시 일터로 나가 총알처럼 날아오는 일들을 기계처럼 해낸다.

순도가 낮은 일

세상은 '상사를 만족시키기 위해' 혹은 '회사에서 나의 존재감을 어필하기 위해' 하는 일들을 '가짜 노동'이라 말한다. 하지만 나는 이 모든 노동을 가짜로 취급하고 싶지 않다. 내가 원해서 이런 일들을 하는 것은 아니지만 어떤 이유로든 필요를 느껴서 한 일들인데, 그것마저 가짜로 낙인을 찍어버리면 너무 슬플 것 같다. 상사가 보기에 좋은 발표 자료를 만드는 것도, 내 성과를 내가 알아서 챙기는 것도 모두 직장인이라면 해야 하는 노동이 맞다.

나는 이런 종류의 노동을 '가짜 노동'이라는 단어 대신 '순도가 낮은 일'이라고 표현하고 싶다. 해야 하는 일은 맞지만 목표를 달성하는 데에 어떤 의미나 영향이 희미한 일들. 혹은 관성적으로 해왔기 때문에 오늘도 했고 내일도 하게 될 그런 일들. 나는 이 순도 낮은 일들을 가짜 노동이라 부르며

퇴마하듯 쫓아버리고 싶지도 않다. 이것들은 쫓아낸다고 해서 쫓아지는 성질의 일이 아니다. 언제나 '그래도 해야지 어떡해?'라는 난처한 표정을 지으며 내일도 내 업무 리스트에 불쑥 찾아올 것이다. 결국 중요한 것은 순도 낮은 일에 대한 경멸이 아닌 순도 높은 일을 향한 열망이다.

스픽에도 분명 순도 낮은 일들이 존재한다. 하지만 그 일들은 머지않아 자동화되거나 회사 외부의 전문 리소스를 통해 대체된다. 작은 규모의 팀으로 큰 성장을 만들어야 하다 보니 팀원들 스스로가 순도 낮은 일들을 하느라 정작 중요한 일을 하지 못하는 상황에 불안감을 느끼고 적극적으로 해결해 나가기 때문이다. 예를 들어 광고 리포트를 업데이트하기 위한 로우 데이터(원본 데이터)를 업로드 하는 일이 하루에 15분 정도 소요된다고 가정해 보자. 처음엔 하루 15분쯤 할애하는 건 아무것도 아니라고 생각할 수 있다. 하지만 장기적인 관점으로 보면 이 단순 노동을 위해 어마어마한 시간을 쓰게 된다.

스픽에서는 이런 일들을 가만히 두고 보지 않는다. 어느 정도 반복 업무의 윤곽이 그려지면 툴을 활용해 반복 업무를 자동화할 수 있는지를 찾아본다. 만일 자동화가 어렵다면 이를 더 저렴한 비용을 들여 대체할 방법을 찾는다. 샌프란시스코 본사와 하는 회의 역시 발표를 위한 장표를 따로 만들지 않는다. 모든 회의는 빠른 문서 작성에 최적화된 노션Notion이라는 툴을 사용하고 의사 결정을 하기 위한 논의에 가장 많은 시간을 할애한다. 논의에 필요한 내용과 데이터를 별도로 작성하긴 하지만, 그마저도 어렵다면 대시보드Dashboard(여러 정보와 문서를 한눈에 볼 수 있도록 구성한 시각 적 플랫폼)를 그대로 캡처해서 넣기도 한다. 스픽에서는 그 어떠한 문서도 대표를 만족시키기 위해서 혹은 내가 누군가에게 잘 보이기 위해서 작성되지 않는다. 스픽에서 일을 잘하는 법은 간단하다. 순도가 낮은 일은 계속 줄여나가고 순도 높은 일들의 비중을 높이는 것. 그렇다면 순도 높은 일이란 무엇일까?

순도가 높은 일

일의 순도를 높이는 방법은 간단하다. 목표를 달성하는 데 직접적으로 기여하는 '진짜 노동'을 하는 것이다. 진짜 노동이라고 해서 일의 강도가 높고 시간이 오래 걸리는 것은 아니다. 반대로 일의 강도가 낮다고 해서 모두 순도가 낮은 일인 것도 아니다. 앞서 말한 순도가 낮은 일들도 어떤 경우

에는 고되고 힘들다. 일의 강도와 순도가 비례한다는 믿음은 우리를 종종 일을 많이 한다는 그 사실 자체에 중독되게 만든다. 하루 종일 바삐 움직이는 나 자신이 뿌듯하고, '내가 이렇게 열심히 일하는 걸 동료들은 알아줄까?' 하는 억울한 마음도 든다. 하지만 만약 내가 스픽의 동료에게 "내가 오늘 이런 일도 하고 저런 일도 하느라 바빴어"라고 말한다면 그들은 이렇게 말할 것이다.

"바쁘고 고생한 건 알겠는데⋯ 목표 달성은 할 수 있는 거야?"

스픽에서 내가 눈치봐야 할 것은 오직 하나. 문제를 해결해 내가 달성하기로 했던 목표를 달성하는 것뿐이다. 나를 포함한 모든 팀원이 목표를 달성하는 것에 몰입해 있는 상황에서는 이왕 시간과 마음을 써야 한다면 내 소중한 노동 시간의 1퍼센트라도 더 목표 달성에 기여하는 일에 쓰고 싶어진다. 아무도 내가 하는 일에 신경 쓰지 않더라도 스스로 생각하기에 의미도 없고 목표 달성에도 도움이 되지 않는 일에는 시간을 쓰는 것이 꺼려지는 것이다.

리더 역시 팀원들이 관성적인 일에 너무 많은 시간과

에너지를 쓰지 않도록 때에 따라 우선순위를 조정한다. 때로는 채용을 통해 부족한 리소스를 채워주기도 한다. 내 하루를 채우는 일들 중에서 문제를 해결하고 목표를 달성하는 데에 영향을 주는 일들의 비중이 많아지면 일의 순도는 자연스럽게 높아진다. 일의 순도가 높아지면 인풋 대비 아웃풋은 획기적으로 개선된다. 실제로 스픽의 브랜드 마케터인 두현의 말을 빌리자면 오히려 내가 하루에 감당하는 업무량이나 업무 시간은 이전 직장보다 훨씬 적은데 만들어낸 성과는 훨씬 커지는 것이다.

목표를 달성하기 위한 일들은 대개 높은 문제 해결력을 필요로 한다. 그렇기에 일의 순도가 높아진다는 것은 개인이 문제를 찾아내고 해결하는 능력 역시 점차 성장함을 의미한다. 개인의 문제 해결력이 성장하면 목표를 달성할 확률은 높아지고 나를 대표할 만한 경력은 자연스럽게 쌓이게 된다. 또 그렇게 쌓인 문제 해결력은 회사 밖에서 어떤 문제를 만나도 해결할 수 있다는 단단한 자존감으로 작용한다.

일의 순도를 측정하는 법

분명 몸은 바쁜데 마음이 편치 않을 때가 있다. 손은 일을 하고 있는데 마음 한구석에서는 '내가 지금 이걸 할 때가 아닌데'라는 독백이 계속된다. 그럴 때마다 나는 내 할 일 목록들을 펼쳐두고 순도 측정이라는 것을 한다. 일단 할 일 목록에 내가 이번 주에 해야 할 일을 모두 적는다. 그다음 각각의 일마다 다음과 같은 기준으로 순도 점수를 매긴다.

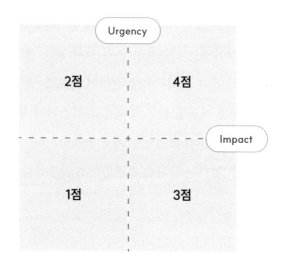

일의 순도를 측정하는 기준

틀려라, 트일 것이다

- 시급하고 목표 달성에 영향이 큰 일: 4점
- 시급하지 않고 목표 달성에 영향이 큰 일: 3점
- 시급하지만 목표 달성에 영향이 적은 일: 2점
- 시급하지도 않고 목표 달성에도 영향이 적은 일: 1점

예를 들어 당장 다음 주에 오픈할 프로모션을 위한 일을 하는 것이 4점이라면, 다음 분기의 유저 획득 전략을 짜는 일은 3점, 내일 있을 회의를 위한 리포트를 작성하는 일은 2점, 광고 매체의 담당자와 정기 미팅을 갖는 일은 1점이라고 매기는 식이다. (단, 이와 같은 순도 점수가 곧 일을 처리하는 순서인 것은 아니다. 일을 처리할 때에는 일의 시급성을 우선으로 한다.) 하나의 표 안에 내가 해야 할 모든 일들이 각각의 점수와 함께 나열되고 나면 가장 아래 행에는 순도를 측정하는 공식을 수식으로 입력해 내 일의 순도가 자동으로 측정되게 한다. 순도를 측정하는 공식은 다음과 같다.

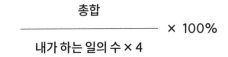

$$\frac{총합}{내가\ 하는\ 일의\ 수 \times 4} \times 100\%$$

일의 순도를 측정하는 공식

만약 내가 하는 모든 일의 개수가 10개이고, 모든 일의 순도 점수의 합이 30점이라면 내가 하는 모든 일의 순도는 75퍼센트다($\{30/(4\times10)\}\times100$). 이렇게 내 일의 순도를 측정하면서 일하면 내 일에서 순도가 낮은 일들이 무엇인지 파악할 수 있다. 또한 나의 바쁨이 옳은 방향을 향하고 있는지도 스스로 체크할 수 있다.

만일 일의 순도가 50퍼센트 미만으로 떨어지면 매니저에게 면담을 요청해 업무의 우선순위를 조정하거나 팀원 충원을 통해 나의 업무량을 조절할 수도 있다. 무작정 "바빠 죽겠으니 사람 뽑아주세요"라고 말하는 것보다 "우리가 목표를 달성하기 위해서는 순도 점수가 높은 이 일들이 우선되어야 하는데 현재 순도가 낮은 이런 일들에 일주일에 몇 시간을 사용하고 있다. 이게 팀의 우선순위에 맞는 일인지 검토하고 해야 하는 일이라면 이 일을 할 인원을 충원해달라"라고 말하는 것이 내 일의 순도를 높이는 데에도, 내가 원하는 리소스를 지원받는 데에도 유리하다.

영어 표현 중에 '스위트스폿Sweet spot'이라는 단어가 있다. 테니스 라켓에서 공을 치는 부분인 스트링 중에서도 공을 가장 잘 맞추는 부분을 뜻하는데, 이 부분에 공이 맞으면 공은 펑 하고 통쾌한 소리를 내며 시원하게 뻗어나간다. 일을 함에 있어서도 분명 스위트스폿이 존재한다. 지금 내가 처리해야 하는 일들의 숫자에 압도되어 아무렇게나 라켓을 휘두르고 있진 않은가? 날아오는 모든 공을 치지 않아도 괜찮다. 몇 개의 공들은 놓쳐도 괜찮다. 호흡을 가다듬고 목표를 달성하기 위해 꼭 해야 할 일들을 스위트스폿으로 제대로 쳐내면 된다. 당신의 열정과 에너지가 그곳을 향할 때 당신의 일들도 시원하게 뻗어나갈 것이다.

The Power of Effortlessness

힘 빼기의 기술을
연마하라

안전한 실패를
반복하라

'틀려야 트인다.'

스픽의 브랜드 메시지이기도 한 이 문구는 그 의미를 곱씹을수록 참 잘 지었다 싶다. 우리가 모국어를 배울 때 그러했듯 영어도 일단 말하고 틀려야만 그것을 고치는 과정에서 늘 수 있기 때문이다. 반대로 내가 지금 내뱉는 영어가 틀릴까 봐 말하는 시도조차 하지 않으면 영어는 영원히 늘지 않는다. 비단 언어뿐 아니라 모든 일이 그러하다. 아무 일도 하지 않으면 아무 일도 일어나지 않는 법. 당장의 결과가 실패일지라도 자꾸 해봐야 는다.

불확실성을 딛고 일단 해보는 것의 의미

스픽이 2025년 1월 브랜드 캠페인의 주인공으로 고故 신해철 님의 목소리와 함께하게 된 이유 역시 같은 맥락에서 였다. 스픽은 한국 사회에 깊게 뿌리내린 '틀리면 안 된다'라 는 인식을 깨고 싶었다. 이를 위해서는 우리가 브랜드 캠페인 을 진행하는 방식 역시 기존의 틀에서 벗어난 과감한 시도여 야만 했다. 오랜 고민 끝에 우리는 살아생전 '인간이기에 누 구나 실수를 하며, 그렇게 성장하는 게 인간'이라는 이야기를 들려주었던 신해철 님이 떠올랐다.

하지만 처음 이 아이디어가 떠올랐을 땐 고인을 광고 에 활용하는 것이 스픽에서도, 광고계에서도 전례가 없던 일 이라 두려움이 앞섰다. 스픽의 브랜드 메시지를 전달하면서 도 신해철 님을 잘 알지 못하는 젊은 세대에게까지 그의 메시 지를 확산시키고자 하는 우리의 의도를 잘 전달할 수 있을지 자신이 없었다. 하지만 시도조차 하지 않는 것은 우리의 방식 이 아니었다.

우리는 단순히 영어를 효율적으로 공부하라는 메시지 에서 멈추는 것이 아니라 신해철 님의 음악과 정신을 계승하 고 싶었다. 이를 위해 신해철 님의 목소리를 AI로 복원해 그의 목소리를 보존할 뿐 아니라, 유튜브에서 음악 관련 콘텐츠를 제작하는 딩고뮤직과 협업해 현직 가수들이 신해철 님의 노래를 리메이크 하는 트리뷰트 콘텐츠를 제작하기로 했다. (이 캠페인은 신해철 님의 지적재산권을 보유하고 있는 '넥스트 유나이티드'와의 협업으로 진행됐다.) 2024년 12월 16일 공개된 티저 영상에서 마치 라디오를 통해 신해철 님이 사람들에게 연말 안부를 묻는 듯한 음성이 흘러나오자 여기저기서 오랜만에 듣는 마왕의 목소리에 위로를 받았다는 후기가 올라오기 시작했다. 우리의 선택이 틀리지 않았음에 안도하게 되는 동시에 우리가 또 한 번 새로운 길을 만들었음을 느낄 수 있던 순간이었다.

그 순간이 오기까지 우리는 새로운 시도가 실패하진 않을지 하루에도 수십 번씩 불안한 마음과 괜찮을 거라는 마음 사이를 오갔다. 그랬기에 '틀릴지도 모르지만 일단 시도하기'가 말처럼 쉽지 않다는 것을 잘 안다. 목표 달성에 실패한 팀원에게 그럴 수 있다고, 사람은 그러면서 배운다고 쉽게 위로하면서도 내가 하는 모든 일은 잘되길 바라는 게 사람 심리이기 때문이다.

신입 때야 내가 맡는 모든 일이 처음이고, 신입인 나에게 회사에서는 그렇게 중요한 일을 맡기진 않는다. 그렇기 때문에 내가 담당하던 일이 실패하더라도 그것 때문에 팀이 치명타를 입진 않는다(물론 마음은 쓰라리겠지만). 하지만 연차가 쌓이고 책임이 커지다 보면 내 실패가 곧 팀의 실패로 이어지기 때문에 새로운 시도를 하기까지 점차 오랜 시간이 필요해진다. 한마디로 엉덩이가 무거워지는 것이다. 특히 정해진 길을 따라 모범생으로 자라온 대부분의 한국인들이라면 새로운 시도를 하는 것도 모자라 실패까지 하는 것은 더더욱 꺼려진다.

나 역시 그랬다. 작은 실수 하나라도 하는 날이면 팀원들이 나를 바보라고 생각하진 않을까 걱정했다. 하지만 내가 스픽에 합류해 마케팅 업무를 담당할 무렵, 스픽은 이제막 한국에 상륙해 미친 속도로 성장하고 있었다. 스픽에서 내가 하는 모든 일은 스픽의 역사상 처음 시도하는 일이었고, 그 과정에서 실패는 피할 수 없었다. CEO 코너가 효율이 안나와도 좋으니 새로운 걸 해보라고 말할 때마다 나는 내 돈도 아닌 회사 돈을 잃을까 두려움에 벌벌 떨었다. 마케팅 캠페인을 하나 망칠 때마다 다음 미팅에서 이걸 어떻게 변명해야 할지 생각하느라 마음이 눌렸다. 하지만 내가 송구한 얼굴로 실패를 보고할 때마다 그들은 내게 단 한 번도 실망한 내색을 하거나 책망한 적이 없다. 대신 그들이 내게 알려준 것은 똑똑하게 실패하는 법이었다.

똑똑하게 실패하면 다시 일어설 수 있다

내가 스픽에서 배운 안전한 실패란 더 많은 것을 투자하기 이전에 최대한 작은 리소스로 시도하고 실패하는 것이었다. 그래야 시도를 통해 새로운 배움을 얻으면서도 동시에 실패의 크기를 줄일 수 있다. 예를 들어 내게 '연희동에 작은 빈티지 서점을 열고 싶다'라는 아이디어가 있다고 치자. 그렇다면 월세가 비싼 연희동에 상가를 얻기 전에 내 아이디어(빈티지 서적을 판매하는 공간)가 성공할 만한 아이디어인지 아닌지를 최대한 작은 리소스로 테스트해보는 것이다.

이를테면 인스타그램 계정을 만들어 내가 판매할 예정인 책들을 소개해 본다거나 오프라인이 아닌 온라인 서점을 만들어 빈티지 서적에 관심을 갖는 사람들이 어떤 사람들인지, 그 수는 얼마나 되는지를 먼저 알아보는 것이다. 하지만 대부분의 사람들은 비싼 월세를 내고 모든 책을 서점에 들이고 난 후에야 빈티지 서적에 관심 있는 사람들이 그렇게 많지 않다는 사실을 깨닫는다. 하지만 똑똑한 이들은 많은 시간과 돈을 투자하기 이전에 그 아이디어가 진짜로 시장에 먹히는 아이디어인지를 검증하기 위한 테스트 과정을 거친다.

스픽에서 일하기 전까지 나는 어떤 일을 해야겠다고 마음먹으면 그 일을 가장 이상적으로 완벽하게 해내기 위한 모든 계획과 준비를 하는 계획형 인간이었다. 그런 내게 안전한 실패를 하기 위해 작은 테스트를 반복하는 방식은 새로운 일을 벌이는 것만큼이나 어렵고 익숙하지 않았다. 나는 언제나 새로운 시도를 할 때마다 완벽에 가까운 아이디어를 기획하는 것에 집착했다. 그럴수록 새로운 시도를 하는 횟수는 줄어들고 시간은 오래 걸릴 수밖에 없었다. 하지만 스픽에서는 내가 어떤 아이디어를 제시하든 더 적은 비용으로 그 아이디어의 가능성과 효과를 테스트할 방법이 없는지를 물었다.

가령 이효리 님을 모델로 한 TV CF를 기획하면 왜 꼭 TV 광고를 해야 하는지, TV 광고에 돈을 쓰기 전에 그 효과를 미리 테스트할 방법은 없는지 묻는 식이었다. 웹사이트에 새로운 유저 획득 퍼널을 개발해야 한다고 주장하면 개발자 리소스를 투자하기 전에 다른 툴로 우회하여 테스트할 수는 없는지를 물었다. 테스트를 통해 이 아이디어가 충분히 투자할 가치가 있다는 것이 검증되면 그 뒤에 더 많은 리소스를 투자하여 제대로 만들자는 것이다. 처음엔 이런 방식이 답답했다. 어떻게 모든 걸 테스트할 수 있을까 싶었다. 때로는 '묻지 마 베팅'도 필요하다고 생각했다. 하지만 몇 번의 테스트를 통해 '일을 키우기 이전에 테스트하길 정말 잘했다'라고 여기게 된 경험들이 하나둘 쌓이면서 최대한 작은 리소스로 안전한 실패를 거듭하며 프로젝트의 크기를 키워가는 방식이 나의 새로운 업무 리듬으로 자리 잡았다.

세상에 완벽한 준비란 없다

처음엔 '재밌겠다, 해보자!'라는 마음으로 가볍게 시작한 프로젝트도 시간이 지날수록 더 잘하고 싶은 마음과 '이왕 하는 김에' 추가해 하게 되는 일들이 더해져 점점 무거워지고 거대해진다. 또 이왕 하는 김에 준비가 완벽하게 다 되면 사람들에게 '짠!' 하고 보여주고 싶은 마음에 자꾸 일정은 미루어진다. 하지만 어떤 일에서든 모든 사람에게 공개해도 될 만큼 완벽한 준비란 없으며, 설령 있다고 한들 그때가 되어 공개하면 이미 늦다. 물론 완벽한 기획의 실행을 위해 숙고하고 공들여 준비를 하는 것은 필요하다. 하지만 그 과정이 너무 길어져서는 안 된다. 시장은 하루가 다르게 바뀌고 단 하나의 마스터피스를 위해 몇 개월을 오롯이 투자하기엔 지금 당장 해야 할 일들이 너무 많다.

제품을 만들 때에도 완제품을 만들기 이전에 실제로 그 제품이 어떻게 작동하는지를 미리 가늠하기 위해 시제품 (프로토 타입)을 만드는 것처럼 우리가 하는 일 역시 하나의 마스터피스를 만들기 위해 무수히 많은 프로토 타입의 과정을 거쳐야 한다. 그렇다면 얼마나 완벽하지 않아도 괜찮을까? 얼핏 들으면 이상한 질문인 듯하지만 중요한 질문이다. 당연한 말이지만 우선 고객을 기만하거나 불편하게 해서는 안 된다. 자동차를 체험하고 싶은 유저에게 박스로 만든 장난감 차를 프로토 타입이라며 보여줄 수는 없는 노릇이다. 고객이 얻고자 하는 바를 제공하는 선에서 우리가 검증하고자 하는 가설을 테스트할 수 있는 수준이라면 빠르게 론칭한 뒤 고객의 피드백을 반영해 완성도를 높여간다.

일례로 스픽에서 처음 AI 튜터를 비롯한 신기능들을 론칭했을 때 우리는 유저들이 신기능 중에서도 어떤 기능을 가장 매력적으로 느끼고 어떤 메시지에 반응하는지 알고 싶었다. 하지만 AI 튜터 기능은 1월 1일 새해에 출시할 예정으로 테스트 시점에서는 해당 기능을 사용할 수 없는 상태였다. 하지만 테스트 없이 무턱대고 마케팅 비용을 검증되지 않은 기능과 메시지에 사용할 수는 없었다. 그래서 우리는 일단 신제품의 주요 기능 세 개와 주요 메시지 세 개를 엮어 아홉 개 (3×3)의 카피 리스트를 만들었다. 그리고 그 카피를 광고 소재로 만들어 신제품 출시 소식을 알림 신청할 수 있도록 했다.

알림 신청은 제품이 출시됐을 때 메일이나 메신저로 알려주는 기능으로 제품을 지금 당장 판매할 수는 없지만 적어도 제품에 대한 관심은 확인할 수 있었다. 우리는 총 아홉 개의 카피 중 어떤 카피가 가장 많은 알림 신청을 유도했는지를 분석해 1월에 신제품이 출시됐을 때 어떤 메시지에 가장 집중할지 우선순위를 정할 수 있었다. 또 알림 신청을 한 유저에게는 기능이 출시되었을 때 가장 먼저 제품을 사용할 수 있도록 혜택을 주었고 피드백을 받아 제품의 완성도를 높일 수 있었다. 이 모든 과정이 신기능 출시 2주 전에 일어난 일이다. 덕분에 우리는 1년 중 가장 큰 비용이 할애되는 1월 마케팅 비용을 올바른 메시지에 사용할 수 있었다.

'아니면 말고' 정신으로

이처럼 많은 리소스를 투자하기 전에 최소한의 비용

으로 빠르게 테스트하는 것이 팀의 문화로 자리 잡게 되면 팀 내부에서는 점차 "해보지 뭐"라는 산뜻한 말들이 오가기 시작한다. 많은 것을 투자하지 않았기 때문에 잃을 것도 크지 않고, 내가 이 시도를 통해 검증하고자 하는 가설 역시 명확하기 때문에 실패해도 그 가설이 틀렸음을 배우게 되는 셈이니 손해 볼 것이 없다. 팀원들 역시 결국 그 아이디어가 '될 놈인지 아닌지'를 알 수 있는 방법은 론칭을 해보는 수밖에 없다는 것을 잘 알고 있다. 그렇다 보니 회의실에서 이 일이 될지 여부를 따지다가도 이 실랑이가 아무런 의미가 없다는 것을 상기하고는 '그냥 일단 해보자. 해보면 알겠지, 뭐'라는 결론에 다다르게 된다. 결과적으로는 회의실에서 '네가 맞네, 내가 맞네' 하며 싸울 일도 없어진다.

그렇다고 해서 모든 일에 자신만만해지거나 새로운 것에 대한 두려움이 완전히 사라지는 것은 아니다. 여전히 새로운 테스트를 론칭하고 새로운 시도를 할 때마다 떨린다. 하지만 그럴 때마다 나는 '아니면 말고' 정신을 떠올린다. 그렇게 생각하면 무거워졌던 엉덩이가 조금은 가벼워지고 마음도 산뜻해진 기분이 든다. '실패하면 안 돼. 조금만 더 준비하고, 완벽한 모습으로 사람들을 깜짝 놀래줘야지'라고 생각하면 어떤 시도도 할 수 없다. 당연하지만 모든 시도가 성공할 수는 없다. 또한 똑똑하게 실패했을지라도 어떤 실패는 몇 날 며칠간 나를 쫓아다니며 상처 난 가슴을 후벼 파기도 한다. 하지만 우리가 하는 이 레이스는 성공 아니면 실패만 있는 OX 게임이 아니다. 내 아이디어와 가설이 틀렸다고 해서 나 자신이 실패한 것도 아니다. 관점을 달리하면 그 아이디어가 안 될 놈이었다는 사실을 저렴한 비용으로 밝혀내는 것에 성공했다고도 할 수 있다.

그러니 지금 어깨에 힘을 잔뜩 준 채 내가 하는 일이 실패할까 봐, 그로 인해 비난받을까 봐 두려워하고 있다면 이 문장을 외쳐보자. 성과에 대한 부담감과 과도하게 짊어진 책임감을 한 번에 날릴 수 있는 마법의 문구다. '그냥 일단 해보죠 뭐. 아니면 말고요. 뭐 어때요!' (여기서 '요'를 '용'으로 바꾸면 그 효과가 배가 된다!) K-동료들이여, 부디 마음을 가볍게 하고 똑똑한 실패를 하자. 그러다 보면 어느 날 갑자기 떠오른 획기적인 아이디어가 나를 구원하는 것이 아니라 내가 쏘아올린 무수히 많은 실패들이 나를 안전하게 구원의 항구로 데려가줄 것이다.

경쟁의 링에서 내려와
안전지대로

　　직장 생활을 잘하는 방법은 모르지만 직장 생활이 괴로워지는 법은 확실히 안다. 바로 나와 함께 일하는 사람들을 모두 나를 평가하는 사람으로 생각하는 것이다. 스픽에 처음 들어왔을 때 모든 회의가 마치 면접을 보는 자리처럼 느껴졌다. 내 영어가 부족해서 그들이 나를 괜히 뽑았다고 생각하진 않을지, 내가 성과를 내지 못하면 나를 비난하진 않을지 걱정했다. 거기에다 어디선가 주워들은 '외국계 회사에서는 내 능력을 어필하는 것까지가 능력'이라는 말까지 더해지자 팀원들은 내가 잘 보여야 할 대상이 됐고 미팅에서 내게 날 선 질문을 하거나 피드백을 주는 팀원은 어느새 내 안에서 악당이 되어 있었다. 내가 미팅 전 공유한 문서에 질문들이 댓글로 빼곡하게 달리면 질문한 사람을 마음속으로 원망하기도 했다. 그럴수록 잘 보이고 싶은 마음은 더 심해져 영어 미팅이 있는 아침에는 새벽 6시에 일어나 미팅 준비를 해야 했다.

그날도 한숨을 푹푹 내쉬며 영어 미팅을 준비하던 아침이었다. 출근하는 남편에게 곧 영어 미팅이라며 울상을 지어 보이니 남편이 내게 딱 한마디를 던졌다.

"그들은 너를 조지러 오는 게 아니야. 네 이야기를 들으려고 거기 앉아 있는 거라고."

그 말은 너무나 진실이라서 머리에서 번쩍하고 섬광이 터졌다. 그렇다. 실리콘밸리에서 가장 만나고 싶은 스타트업 CEO로 꼽히는 코너가 한국의 마케터 하나를 조지겠다고 시간을 냈을 리 없다. 몸도 마음도 멀리 떨어진 곳에서 입을 꾹 다문 채 한 개인이 쓸 수 없는 거대한 예산을 소화하고 있는 마케터에게 그들은 어떤 이야기든 듣고 싶었을 것이다.

그는 당신이 잘하길 바란다

그러고 보니 내가 입 밖으로 쉽사리 나오지 않는 영어를 저주하며 더듬더듬 힘겹게 영어로 말을 내뱉을 때마다 내 말을 더 잘 이해하기 위해 카메라 가까이 얼굴을 들이밀고 있는 코너의 얼굴이 떠올랐다. 그는 누구보다 간절한 눈빛으로 내 입에서 제발 그 다음 단어가 무사히 나오기를 바라고 있었다. 코너뿐 아니라 모든 팀원은 내가 가지고 있는 맥락과 정보를 듣기 위해 미팅에 참석했다. 그들이 바라는 것은 내가 영어를 잘하는 것도, 내가 나의 성과를 그들에게 잘 어필하는 것도 아니었다. 그들은 오직 스픽의 첫 번째 진출국인 한국 팀이 잘하길 바랐다. 그 누구도 '지안의 영어가 얼마나 늘었나 보자' 혹은 '지안이 얼마나 퍼포먼스를 해내나 보자'라는 마음으로 회의에 참석하지 않았다.

채용을 위해 누군가를 인터뷰해본 경험이 있다면 이 느낌을 잘 알 것이다. 바쁜 와중에 시간을 쪼개어 어렵게 잡은 채용 인터뷰를 들어가기 직전의 심정을 떠올려보라. 우리는 그 지원자가 제발 우리가 찾는 사람이기를, 그 사람이 자신의 역량을 이 면접에서 잘 보여줄 수 있기를 바란다. 그래야 나의 시간을 기약 없이 빨아먹고 있는 이 채용 과정을 빨리 끝낼 수 있기 때문이다. 한 시간을 할애하는 채용 면접도 이러한데 하루 여덟 시간을 함께 일하는 사람에게는 오죽할까. 나와 같이 일하는 팀원들은 진심으로 내가 일을 잘하기를 바란다.

실리콘밸리의 기업을 떠올리면 사내에 온갖 경쟁과 암투가 도사리고 있을 것만 같았다. 하지만 내가 스픽에서 배운 것은 역설적이게도 '다들 네가 잘하길 바란다'라는 점이었다. 그들이 질문을 하는 이유도 우리가 하는 일이 더 잘되길 바라는 마음에서 하는 것이다. 내 영어 발표를 듣는 팀원 역시 내 영어 실력을 평가할 이유가 전혀 없다. 그들은 그저 내가 적당한 단어를 잘 찾아서 내가 가진 정보를 잘 전달해 주기만을 바랄 뿐이다.

이 사실을 깨닫고 나자 미팅에서 만나는 외국 팀원들은 나를 난처하게만 만들던 빌런에서 하나의 문제를 함께 해결하는 동료가 됐다. 화면 속에서 왠지 차가운 얼굴을 하고 있는 듯한 동료도 마음속으로는 내가 잘하기를 응원하고 있다고 생각하면 그와 나 사이에 안전지대가 생겨났다. 설령 그들이 마음속으로 나를 평가하고 있을지라도 그렇게 생각하는 것만이 나의 살길이었다. 그래야만 부족한 영어 실력에도 끝까지 포기하지 않고 내 이야기를 마칠 수 있었고, 미완성의 일들도 더 많은 의견과 도움을 받기 위해 미팅 어젠다로 꺼내 놓을 수 있었다.

　　그들이 나를 평가하는 사람들이라고 생각한다면 잘한 부분은 부풀리고 못한 부분은 숨기기에 바빴을 것이다. 내게 필요한 것은 유창한 영어 실력도, 더 많은 능력도 아닌 신뢰였다. 그들은 내가 잘하길 바란다는 신뢰. 내가 조금 실수하더라도 비난하지 않을 것이라는 신뢰. 그 믿음 위에서 나는 매일 새로운 일들을 만나고 서툴게 해내며 성장하고 있다는 믿음 말이다.

　　물론 결코 안전지대가 아닌데 안전지대라고 스스로 가스라이팅을 해서는 안 될 터이다. 안전지대를 만드는 일이 누군가 일을 조금 못했을 때 그것을 봐주는 방향으로 흘러서도 안 된다. 진정한 의미의 안전지대는 내가 나여도 괜찮은 환경이 되어줄 때, 서로의 미완성을 수용하되 각자가 최선을 다하는 것을 전제로 했을 때 만들어진다. 이 안전지대는 회사의 상황과 일과 관계에 따라 짙어지기도 옅어지기도 하면서 그 공간을 견고히 한다.

안전지대가 곧 성장 지대다

스픽에서의 첫 몇 달은 마치 격투기 링 위에 올라와 있는 것 같았다. 덜컥 문이 잠기면 도망도 갈 수 없고 내가 성과를 보여줘야만 이 게임이 승리로 끝날 것 같았다. 하지만 스픽에서 성장을 거듭하면서 진짜 팀워크란 경쟁의 링에서 내려와 서로가 서로의 안전지대가 되어줄 때 시작됨을 알게 됐다. 내가 옳다는 것을 증명하고 경쟁에서 이기고 나를 빛내기 위한 몸부림을 멈추고 신뢰와 응원의 마음으로 뿌리내린 연대야말로 새로운 시대에 조직이 택해야 할 생존법이었다.

하지만 하이 에고의 시대이기 때문일까? 많은 사람이 안전하다는 것에서 미묘한 불안감을 느낀다. '안전하다'라는 단어에서 자꾸 '안주한다'라는 맥락을 읽어내기 때문이다. 그래서 누군가는 '평생직장은 없다'라는 말로, 또 누군가는 '안전한 선택을 반복하면 도태될 것'이라는 말로 안전지대에 잘 머물러 있는 사람에게 불필요한 죄책감을 더한다. 여기서 말하는 안전지대는 말 그대로 '내가 새로운 일을 시도하고 성장하기에 안전하다'라는 것인데 말이다.

내가 이 조직 안에서 일하는 동안 언제든지 틀릴 수 있고 그 사실이 수용될 수 있다는 안도감, 내가 나로서 일할 수 있다는 안도감은 오히려 성장의 발판이 된다. 발구름판이 탄탄하면 내 키 이상의 뜀틀도 훌쩍 뛰어넘을 수 있듯 팀원들은 안전지대 안에서 자신의 역량 이상의 결과를 만들 수 있다. 물론 회사 생활을 하다 보면 모든 일과 관계가 판타지 소설처럼 전개되진 않는다. 일을 하다 보면 안전지대고 나발이고 누군가 해맑게 내 속을 뒤집는 일들은 일어나기 마련이다. '저 사람이 나를 신뢰를 하기는 하는 건가?', '나를 우습게 여기나?'라는 생각에 부들거리며 잠을 못 이루기도 한다.

우리 안에는 지난 몇 십 년간 쌓아온 생존 방식이 시퍼렇게 살아 있어서 나를 무시한 사람에게는 똑같이 되갚아주고 싶고, 내가 틀렸다고 말하는 사람에게는 나도 모르게 으르렁거리게 된다. 하지만 그럴 때마다 뇌에 힘을 주고 의식적으로 이 사실을 떠올리고 기억하자. '그 사람의 행동과 말투, 방식에 문제가 있을 뿐 그 사람도 나도 우리가 함께 해나가는 이 일이 잘됐으면 하는 그 마음은 같다'라는 것을. 나도 잘하고 싶고 그 사람도 잘하고 싶어서 그런 거라고 생각하면 얼굴까지 빨개지며 자기주장을 하는 상대방에 대한 연민이 싹튼다. 나는 이 찰나의 순간에 새로운 생존의 가능성이 있다고 믿는다.

스픽의 커뮤니케이션 채널인 슬랙에 자주 등장하는

짤이 있다. 한 견주가 춤을 추는 강아지 앞에서 '잘한다, 잘한다' 하며 박수를 치고 있고, 하얀 몰티즈는 주인이 박수를 칠수록 더 신이 나 춤을 추는 이미지다. 나는 이 모습이 우리가 우리의 안전지대를 만들어가는 모습과 퍽 닮아 있다고 생각한다. '얼마나 잘하나 보자' 하고 걸었던 팔짱을 풀고 나와 함께 뛰는 동료가 최고의 기량을 발휘할 수 있도록 '잘한다, 잘한다' 하며 박수 쳐줄 때 우리는 서로의 안전지대를 넘어 성장 지대가 되어줄 것이다.

만드는 사람이 재밌어야
사용자도 재미있다

아이디어 회의를 하다 보면 대부분의 아이디어는 잠시 피어올랐다가 사라진다. 그러다 어떤 아이디어가 톡 튀어나오고 누군가 그 아이디어에 또 다른 아이디어를 보태기를 반복하면서 몇 분째 그 아이디어를 노릇노릇 전을 부치듯 이렇게도 뒤집고 저렇게도 뒤집으며 이야기하게 될 때가 있다. 스픽에서는 이 순간을 놓치지 않는다. 아이디어가 재밌어서 우리도 모르게 몇 분씩 떠들게 만드는 아이디어야말로 고객들에게도 높은 확률로 재미를 선사하는 아이디어이기 때문이다.

뭐든 만들어야 하니까 짜내고 짜낸 아이디어는 기획

안에서부터 '짠내'가 난다. 하지만 나영석 PD의 〈십오야〉가 그렇듯, 유재석의 〈핑계고〉가 그렇듯 만드는 이들이 실실거리며 신이 나 만든 콘텐츠는 섬네일부터가 다르다. 시청자들이 그러하듯 우리의 고객들도 만드는 이들의 감정 상태, 진정성, 광기 등을 예민하게 모두 느낀다. 돈을 벌려고 기획한 프로모션에서는 돈 냄새를 맡고, 위에서 시켜서 하는 이벤트에서는 영혼 없음을 고스란히 느낀다.

아이디어의 채택 기준, 재미

스픽 역시 처음에는 그럴싸한 기획과 명분을 찾는 데에 집중했다. 하지만 몇 번의 실패를 겪고 나서 우리는 우리 스스로가 먼저 납득되고 재밌어 하는 기획이여야만 고객들에게도 가닿을 수 있음을 배웠다. 그때부터 우리가 아이디어를 채택하는 중요한 기준들이 세워졌다. '이 아이디어가 우리에게도 재미있는가?', '우리가 이 아이디어를 보고 피식하고 한 번이라도 웃었나?'

우리에게 재밌는 일을 해야 하는 이유는 그런 일이야말로 만드는 이의 몰입감을 높이기 때문이다. 재밌는 일에 마음이 기우는 건 다 큰 어른들도 마찬가지다. 해야 하지만 재미없는 일들 틈바구니에서 내 심장을 간질이고 내 안에 잠든 광기를 은은하게 펼쳐 보일 수 있는 일을 만나면 자기도 모르게 과몰입을 하게 되는 것이 인간 본성이다.

추석을 앞두고 프로모션을 준비하던 때였다. 프로모션을 시작하기 전에 가입자를 늘릴 수 있는 캠페인을 먼저 하는 것이 마케팅 팀의 전략이었다. 당시 우리의 관심은 '신규 가입자를 어떻게 더 늘릴지'에만 집중되어 있었다. 그러니 아무리 회의를 거듭해도 계속 뻔한 아이디어만 튀어나왔다.

"친구를 초대하고 그 친구가 가입하면 선물을…" (너무 뻔한 아이디어라 말을 잇지 못함)
"웹사이트에 경품을 받을 수 있는 룰렛을 만들고 로그인을 해야만 룰렛을 돌릴 수 있게 할까요?"

재밌지도 신선하지도 않은 아이디어들이 제시되는 족족 아무런 호응도 얻지 못하고 허공으로 사라졌다. 이때 누군가 홀리듯 이렇게 말했다.

"추석 지나면 한강에서 불꽃 축제 하지 않나?"

이윽고 회의실에 전에 없던 생기가 돌기 시작했다.

"불꽃 축제? 우리 스픽 앱 안에도 불꽃 있잖아요. 매일
앱으로 공부하면 켜지는 거."
"하하하, 맞다, 맞다. 한화랑 콜라보 해서 저희도 불꽃
축제 나갈까요?"
"오, 스픽 앱에서 불꽃을 켜면 실제로 불꽃이 파바박
터지는 거예요."
"하늘에 스픽 로고 모양으로 불꽃이 수놓아지는 거지,
하하하!"

그렇게 여의도 불꽃 축제로 시작된 이야기는 뇌를 거
치지 않은 애드리브와 '뻘소리'를 오가며 점점 구체화되기 시
작했다. 우리가 하려던 이벤트가 프로모션 시작 전 가입자를
모으는 이벤트라는 사실은 까맣게 잊은 채 모두가 한참을 웃
고 떠들었다. 그때 문득 '이 이야기를 지금 10분 넘게 하고 있
네, 잘되려나 보다' 하는 생각이 스쳤다. 그리고 우리는 진짜
로 '스픽 불꽃 축제'를 진행하게 됐다. 여의도 불꽃 축제에 참
여해 하늘을 불꽃으로 수놓지는 못했지만, 전례 없던 이벤트
를 하게 된 것이다. 유저가 스픽 웹사이트에 접속해서 스픽

에 회원으로 가입한 뒤 영어로 말하면 나만의 불꽃이 만들어지고, 불꽃을 터뜨린 순서에 따라 경품을 지급하는 이벤트였다. 결과는 성공적이었다. 총 3만 5000명이 참여했고, 1만 5000명의 추가 가입자를 확보했고, 이후 시작한 프로모션을 통해 우리 팀은 전년도 동월 대비 두 배의 성장을 만들어낼 수 있었다.

아이디어도 생애 주기가 있다

아이디어 회의에서 떠들기에 재미있는 소재라고 해서 다 잘되는 것은 아니다. 기획할 때는 너무 재밌었는데 그 기획이 고객에게 공개되는 순간 싸늘해지는 아이디어들도 분명 존재한다. 재미를 기준으로 일을 벌이기도 하고 망해보기도 하면서 마치 파도가 생겨났다 부서지는 것처럼 아이디어에도 생애 주기가 있다는 것을 알게 됐다. 그 주기는 다음과 같다.

① 트리거
아무리 좋은 아이디어일지라도 처음 입 밖으로 나오

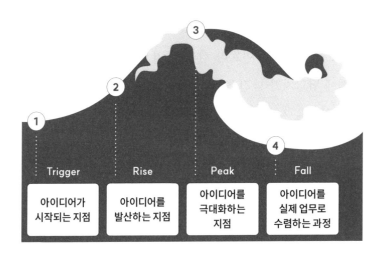

Trigger	Rise	Peak	Fall
아이디어가 시작되는 지점	아이디어를 발산하는 지점	아이디어를 극대화하는 지점	아이디어를 실제 업무로 수렴하는 과정

아이디어의 생애 주기

는 순간부터 완성형인 아이디어는 없다. 모든 아이디어는 작은 트리거Trigger로부터 시작된다. 나이가 어린 인턴 친구들에게 따끈따끈한 아이디어를 내보라고 하는 것, 어떤 아이디어라도 좋으니 편하게 말해보라고 하는 것은 아이디어 회의를 망치는 트리거로 작용한다. 진짜 재미있는 아이디어를 만드는 트리거는 사소한 농담 혹은 피식하게 되는 아이디어로부터 시작된다.

1만 2000명이 참여한 '천하제일 변명 대회'는 '어차피 영어 공부는 다들 작심삼일 했을테니 변명이라도 들어보자'

라는 마케터의 푸념에서 시작됐다. 스픽의 인지도를 단숨에 1위로 올려주었던 '이효리 캠페인' 역시 이효리 님의 인스타그램에 담당자가 남긴 '영어 잘하시는 것 봤습니다'라는 주접 댓글 하나로 시작됐다. 사소한 대화나 농담에 파하하 웃음이 퍼지며 작은 파동이 만들어지면 거기서부터 시작이다.

② 발산

일단 파동이 성공적으로 만들어지고 나면 그다음부터는 옆 사람들의 역할이 중요하다. 그 웃음이 그저 웃음에서 끝나지 않도록 발 빠르게 움직여야 한다. 웃음이 만들어진 포인트와 우리가 고객들에게 제공 중인 서비스나 계획 중인 마케팅 활동 사이의 연관성을 찾아 이어 붙이는 것이다.

이효리 님의 인스타그램에 달았던 댓글 역시 처음에는 아무런 계획 없이 일단 달고 본 것이었다. 하지만 그 댓글이 많은 사람에게 '좋아요' 피드백을 받고 바이럴이 되는 순간, 우리는 이효리 님이 스픽의 모델이 될 수밖에 없는 이유들을 찾기 시작했다. 그러자 얼마 전 이효리 님이 입양 보낸 강아지를 만나기 위해 캐나다에 갔던 한 방송 프로그램에서 영어로 말하는 모습이 떠올랐다. 완벽한 영어를 구사하려고 하기보다 틀려도 일단 영어를 내뱉으려고 하는 게 진짜 영어를 잘하는 방법이라고 믿는 스픽의 학습법은 이효리 님의 자연스럽고 당당한 모습과 맞닿아 있었다.

이러한 생각들을 팀원들과 한참 이야기하다 보니 어느새 스픽의 첫 모델로 이효리 님보다 더 좋은 모델은 없다는 생각이 들었다. 시작은 실없이 웃긴 댓글 하나였지만 우리는 거기에서 시작된 아이디어를 현실로 만들기 위해 점차 몰입하고 있었다.

③ 피크

이렇게 작은 아이디어에 불이 붙어 우리 서비스와의 연결 고리가 만들어지고 나면 꼭 거쳐야 할 일이 있다. 그것은 바로 '그 아이디어가 어디까지 번지는지' 한없이 내버려두고 지켜보는 것이다. 이를테면 '이효리 님이 뭐가 아쉬워서 스타트업의 광고 모델을 하겠어', '담당자가 댓글로 한 번 웃겼다고 그 회사의 모델까지 되는 건 오버 아니야?'라는 말들은 일단 다음으로 미루어둔다. 일단 이 아이디어가 우리에게 재미있었고, 대중 역시 이효리 님과 스픽의 서사에 점차 관심을 보이기 시작했기 때문이다. 우리는 흥분된 마음을 다잡고 아이디어를 한없이 쌓아 올리기 시작했다.

④ 수렴

아이디어를 발산하는 것은 즐거운 일이다. 그렇기 때문에 누군가 정리하지 않으면 한없이 아이디어의 발산만 이어진다. 하지만 아무리 좋은 아이디어일지라도 아이디어를 실행 단계로 옮겨오지 않으면 회의가 끝나고 나서 허무함이 찾아온다. '회의가 재밌긴 했는데… 그래서 결론이 뭐지?' 그러므로 회의에서는 아이디어를 발산할 시간을 충분히 주되, 정해진 시간이 지나면 누군가가 나서서 그동안 나온 아이디어들을 정리해야 한다.

실제로 이 아이디어를 실행하기 위해서는 어떤 의사결정이 필요하고, 어떤 부서에게 어떤 일을 요청해야 하는지를 정리하며 실제 아이디어의 실행 가능성을 그려보는 것이다. 이 과정을 스픽에서는 '피저빌리티 체크Feasibility check(어떤 일을 수행하거나 결과를 만들 수 있는 가능성을 확인하는 작업)'라는 단계로 구분하여 실행한다. 많은 아이디어가 이 마지막 수렴 단계에서 미끄러지고 탈락한다. 이 수렴 단계를 살아남은 아이디어만이 재미뿐 아니라 비즈니스 성과까지 챙겨주는 효자 아이템이 된다.

오늘도 고요한 회의실에서는 이따금씩 웃음이 터져 나온다. 이 중 대부분의 말은 공중에서 흩어진다. 하지만 몇 개의 아이디어는 기어코 살아남아 우리를 다음 챕터로 데려다줄 것이다. 몇 개의 아이디어 중에서도 우리는 '재미없지만 그럴싸한 것'보다 기왕에 일을 해야 한다면 '만드는 사람이 재미있는 것'을 택한다. 만드는 사람이 재밌어서 만들어낸 결과물이라면 똑똑한 고객들이 그 재미의 포인트를 귀신같이 알아챌 것이라고, 그래서 기꺼이 우리의 팬이 되어줄 것이라고 믿기 때문이다.

우리가 세상에 내보낸 많은 아이디어가 어느 날 누군가의 삶에 닿는 순간을 상상해 본다. 그들은 그 순간 어떤 감정을 느낄까? 그들이 꼭 스픽이 제공하는 서비스를 구매해야겠다고 결심하는 것까지는 바라지 않는다. 다만, 우리가 만든 결과물을 보고 그들의 일상에 그저 기분 좋음 또는 유쾌함 한 스푼 정도를 더해줄 수 있다면 그것으로도 충분하다. 그것 하나면 회의실에서 아이디어를 짜내느라 뽑혔던 머리카락들을 모두 보상받는 기분이 들 것 같다.

잡담의 힘을 믿는다

나는 영어를 스픽에서 배웠다. 수능 시험을 위한 영어 공부를 하긴 했지만 실용적인 목적으로 영어 말하기를 하기 시작한 것은 스픽에서 일하면서부터이니 비즈니스 영어로 입을 뗀 셈이다. 온라인 미팅에서 화면 너머 상대의 영어가 들리지 않아서, 또 내가 전하고 싶은 생각이 영어로 나오지 않아서 답답한 마음에 할 수만 있다면 내 연봉을 다 바치게 된다 해도 영어를 잘하고 싶었다.

그런 내가 영어 발표보다 더 어려웠던 것이 미팅 시작 전에 하는 스몰 토크였다. 외국인 동료가 'How are you?'라고 물어보는 순간, 내가 정말 'I'm fine'한지 한참을 고민했을 정도로 내가 하는 일을 영어로 설명하는 일보다 주말에 내가 무엇을 했는지 사소한 일상 이야기를 영어로 하는 게 더 어렵게 느껴졌다. '스몰' 토크라지만 그 부담감은 절대 작지 않았기에 나는 미팅에서 늘 스몰 토크는 건너뛰고 본론만 간단히 나누고 싶어 했다.

하지만 대화 상대가 한국 팀원일 경우 이야기는 완전히 달라졌다. 한국 팀원들과는 언어적인 장벽도 없고 물리적으로 한 공간에 있다 보니 스몰 토크의 방식과 역할이 확연히 달랐다. 외국 팀원과의 스몰 토크는 '지금부터 스몰 토크를 하자'라고 암묵적으로 합의하고 스몰 토크를 하는 느낌이라면, 한국 팀원들의 스몰 토크는 시시때때로 열리는 수다회에 가깝다. 스픽 한국 지사 사무실에는 문을 열자마자 파란색 큰 소파가 놓여 있는 게 보인다. 스픽의 모든 역사는 거기서부터 시작된다.

수많은 기획이 '그 소파'에서 시작됐다

모니터를 바라보는 시야가 흐릿해지는 오후 4시쯤이 되면 사람들은 하나둘씩 어슬렁거리며 그 파란색 소파로 모인다. 그러고는 무릎에는 노트북을 펴둔 채 흐물흐물한 자세로 소파에 앉아 일을 한다. 그러다 누군가 말꼬를 트면 너나없이 슬슬 노트북을 덮고 수다전에 참여한다. 연애 이야기부터 업계 이야기, 어제 본 넷플릭스 드라마 이야기까지 모든 장르를 가로지르며 이야기를 나누다 보면 이윽고 사무실에는 한여름 소나기처럼 시원한 웃음소리가 한바탕 지나간다.

그렇다고 해서 그 누구도 이 시간을 월급을 축내는 시간이라 여긴다거나 업무 시간을 쓸데없는 잡담으로 흘려보낸다고 아까워하지 않는다. 스픽 구성원들은 수다에서 나오는 자잘한 이야기들과 소재들이 우리의 일과 문화에 소중한 불씨가 된다는 것을 알기 때문이다. 파란색 소파에서 나눈 모든 이야기가 화려한 프로젝트로 변신하는 것은 아니지만, 스픽이 했던 큼지막한 프로젝트들의 기원을 타고 올라가보면 그 파란색 소파에서 나눈 수다에서부터 시작된 일들이 많다.

지금 들려줄 이야기는 내가 스픽에 입사하기 위해 인터뷰할 때 디자이너였던 근희에게 들었던 이야기다. 당시 스픽 팀원들은 브랜드 인지도를 높이기 위한 지하철 옥외 광고를 기획하고 있었다. 지하철 영상 광고를 위해 CM송을 만들어야 하나 말아야 하나 고민을 하던 중 그날 오후에도 어김없이 파란색 소파에서 수다 한판이 벌어졌다. 그중 CX_{Customer}

Experience(고객 경험) 매니저였던 예지가 갑자기 악상이 떠올랐다며 노래를 하기 시작했다. '스피킹'이라는 단어를 반복하는 조악한 멜로디였다.

급기야 예지는 다음 날 조악한 멜로디에 음계까지 붙여와 모두를 놀라게 했다. 도레미파솔라시와 같은 정식 음계도 아닌 '스↘피↗킹↘스↘피킹↗'으로 화살표가 난무하는 악보를 보자 모두가 자지러졌다. 그렇게 예지가 만든 스픽의 CM송은 한때의 웃음 소동으로 끝나는 줄 알았지만… 모두가 정신을 차렸을 땐 민규 집의 작은 녹음 부스 안이었다. 왜 마케터의 집에 녹음 부스가 있는지 이해할 수 없었지만(?!), 성인 남성이 양손을 뻗으면 양쪽 손끝이 벽면에 닿는 좁은 녹음 부스에 성인 네 명이 들어가 어깨를 포개고 서서 스픽의 첫 CM송을 녹음했다.

'살면서 영어로 제일 많이 말한 것 같아요'라는 마케팅 태그 라인에 음을 붙여 민규가 메인 보컬을 맡았고, 나머지 세 명은 '스피킹! 스피킹!'을 외쳐댔다. 녹음된 파일은 몇 번의 튜닝을 거치니 꽤나 그럴싸해졌다. 그렇게 녹음한 CM송은 지하철 3호선 고속터미널역 한복판에서 옥외 광고와 함께 울려 퍼졌다. 만약 이들이 진지하게 옥외 광고 CM송을 위한 회의를 열었다면 이렇게 신선한 CM송은 얻지 못했을 것이다.

에어컨도 없는 녹음 부스에서 땀을 삐질삐질 흘리며 열창했을 팀원들을 생각하니 잠시 시들었던 열정이 다시 피어나는 기분이었다. 나는 이 이야기를 듣자마자 스픽에 합류하기로 마음을 먹었다. 그리고 이 이야기는 스픽에 관한 에피소드들 중 여전히 내가 가장 좋아하는 이야기다.

절대 작지 않은 '스몰 토크'의 힘

일을 하다 보면 어깨에 힘을 잔뜩 주고 각 잡고 일을 할 때보다 잘해야 한다는 부담을 내려놓고 동료들과 낄낄거리며 무언가를 기획하거나 만들었을 때 대박이 나는 경우가 종종 있다. 여기서 나도 모르게 들어간 힘을 풀고 조직의 긴장감을 낮추는 역할을 하는 것이 스몰 토크다. 스몰 토크가 문서나 미팅만으로는 채울 수 없었던 커뮤니케이션의 공백을 메꾸며 감정적인 지지선을 만들어주기 때문이다. 때로는 조언으로, 때로는 영역 간의 시너지를 만드는 방식으로 건강한 사람들과 나누는 스몰 토크는 마치 자신의 역할이 무엇인지 알고 있는 것처럼 필요한 곳에서 필요한 역할을 알아서 수행한다. 스픽의 첫 CM송이 어느 날 사무실의 파란색 소파에서, 그것도 CX 팀원으로부터 만들어질 줄 누가 알았겠는가.

스몰 토크는 구성원들에게 심리적 안정감을 준다. 스픽이 재택근무를 시행하면서도 팀원들과 끈끈한 관계를 유지하고, 유쾌한 문화를 만들 수 있는 비결 역시 스몰 토크에 있다. 일주일에 한 번이라도 사무실에 나가서 팀원들과 수다 한판을 떨고 오면 내가 온라인으로 수집할 수 없었던 모든 정보를 빠른 시간 안에 다 얻고 돌아올 때가 있다. 짧은 시간이라도 팀원들과 눈을 마주치고 함께 이야기하다 보면 나는 언제든 어디에서든 환영받을 수 있는 존재라는 사실에 안도하게 된다. 요즘 하고 있는 일은 어떤지 내 안부를 묻는 팀원의 한마디에 또 한 주를 씩씩하게 살아갈 힘을 얻는다.

건강하고 효율적인 스몰 토크를 하려면

그렇다면 어떻게 해야 건강한 스몰 토크를 할 수 있을까? 여기서 말하는 건강한 스몰 토크란 중구난방 이루어지는 잡담이 아니다. 건강한 스몰 토크가 이루어지려면 스몰 토크의 주제가 건강한 방향을 향해 있어야 한다. 회사와 상사에 대한 불만, 옆 팀에서 벌어진 불화, 팀원에 대한 개인적인 평가는 스몰 토크 주제로 적합하지 않다. 팀을 성장시키고 팀원에게 심리적 안정감을 주는 스몰 토크는 언제나 관심을 기반으로 한다. 일에 대한 관심과 일하는 사람에 대한 관심.

처음 외국 팀원들과 스몰 토크를 해야 했을 때 나는 스몰 토크로 할 말까지 영어로 번역해 만반의 준비를 했다. 날씨 이야기가 지겨우면 한국의 절기 이야기를 준비하거나 휴가 계획까지도 공유했다. 그렇게라도 준비하지 않으면 스몰 토크 시간이 어색해 미쳐버릴 것 같았다. 또한 그들에게 개인적인 질문을 하는 것은 왠지 프라이버시를 침해하는 것 같아 절대 사적인 질문은 하지 않았다.

어느 날 내가 스몰 토크에 대한 고민을 외국 팀원에게 털어놓자 그는 내게 이렇게 대답해줬다. "지안, 미국 사람들은 엘리베이터를 타는 짧은 순간에도 스몰 토크를 해. 스몰 토크는 일종의 관심 표현이야. 그러다 보면 스몰 토크에도 히스토리가 쌓이고 그 사람에 대해 너 깊이 이해하게 되거든." 그 말을 듣고 난 뒤로 나는 스몰 토크를 사전에 준비하는 일을 그만두었다. 스몰 토크의 핵심은 상대에 대한 관심인데, 나 혼자 미리 짜둔 각본으로는 스몰 토크의 본질에 닿을 수 없었다.

그 대신 나는 줌 화면 속 상대의 얼굴을 유심히 살피

고, 그간 그와 나눴던 스몰 토크의 조각들을 다시금 떠올리며 그의 근황을 묻기 시작했다. 출장은 잘 다녀왔는지, 지난번에 시작한 프로젝트는 잘되고 있는지, 진짜 궁금한 마음으로 물었다. 그렇게 서로에 대한 건강한 관심을 바탕으로 함께 쌓아 올린 일들은 이전보다 훨씬 더 견고한 느낌마저 들었다.

　스몰 토크를 많이 하는 조직에는 업무의 맥락이 단절되지 않고 원활히 흐른다. 그래서 일이 어떤 방향으로 굴러가는지 여기저기에서 들리고 보인다. 하지만 학창 시절 교실 칠판에 떠드는 사람을 적기 일쑤였던 우리는 아무리 동료들과 스몰 토크를 하고 싶어도 근무 시간에 소파에 늘어지게 앉아 수다를 떠는 게 눈치가 보인다. 또 '입은 닫고 지갑은 열어라', '침묵은 금이다'라는 말들은 자꾸 나서려는 내 마음을 붙잡고 입을 무겁게 만든다.

　하지만 침묵은 금이 아니라 금기다. 스몰 토크의 내용이 우리를 성공하게 하는 것이 아니라 스몰 토크를 나누기 이전에 존재했던 상대에 대한 관심과 우리가 하는 일이 잘됐으면 하는 진심이 우리를 도울 것이다. 그러면 팀원들은 희희낙락 느긋하게 노를 젓는데도 불구하고 배는 그 어느 때보다 더 긴 항적을 그리며 앞으로 시원하게 나아가는 일이 벌어진다. 스몰 토크의 힘은 절대 작지 않다.

앞에서 하이 에고 시대의 새로운 생존 전략을 배웠다면,
이제는 생존을 넘어 성장을 할 때다.

2장에서 로우 에고 프로페셔널리즘을 실천하기 위해
어떤 사람들을 팀원으로 모아서
어떤 가치를 추구하며 일할 것인지를 알아봤다면
이번 장에서는 이들이 아침에 출근해서 퇴근할 때까지
어떻게 일하는지를 구체적인 사례를 중심으로 살펴보자.

뜬구름 잡는 식의 두루뭉술한 이야기가 아닌,
또렷하고 구체적인 사례들이
오늘 당장 내가 어떤 일을
어떤 프레임 워크로 해나갈지 명확히 알려줄 것이다.

3장

로우 에고 프로페셔널리즘의 성장 전략

A GROWTH STRATEGY OF LOW-EGO PROFESSIONALISM

Low-ego Professionalism
Development Key 1 ⌄

Super Excellence

탁월성

탁월성은
타협하지 않음에서 나온다

팀이 생존을 넘어 성장하기 위해 첫 번째로 갖춰야 할 DNA는 바로 탁월성이다. 탁월성은 단어 뜻 그대로 남들보다 두드러지게 뛰어난 성질이다. 그럭저럭 먹고살 만한 수준의 성장이 아니라 제이 커브J-curve를 그리며 두드러지게 성장하고 싶다면, 팀원 모두가 그냥 잘하는 수준이 아니라 탁월하게 잘하는 것을 목표로 삼아야 한다.

스픽에서 팀원들과 많은 피드백을 주고받으면서 나는 어느 순간 우리가 추구하고 서로에게 요구하는 것이 탁월성임을 깨닫게 됐다. 탁월성을 다른 말로 표현하자면 곧 '높은 수준'이다. 스픽은 언제나 내게 높은 수준의 목표, 높은 수준의 서비스, 높은 수준의 커뮤니케이션 등을 요구했다. 그리고 그 과정에서 어떤 타협과 물러섬도 없었다.

물러서지 않아야 성장한다

일을 하다 보면 누구나 타협하고 싶은 순간을 만난다. 이를테면 결과가 눈에 보이기까지 오랜 시간이 걸리는 브랜딩 캠페인보다 실행하는 즉시 결과가 나오는 프로모션이나 경품 증정 캠페인에 마음이 기운다. 내 손으로 세운 목표지만 그 목표를 외면하고 도망가고 싶어지기도 한다. 스스로 목표 수준을 낮추며 타협하거나 리더들이 조금만 기준을 낮춰주면 내가 조금 더 편해질 것만 같기도 하다.

누군가를 채용하는 과정에서도 타협은 끊임없이 일어난다. 채용을 시작하고 몇 개월이 지나도록 딱 '이 사람이다' 싶은 지원자가 나타나지 않을 때, 채용의 목적이 목표한 채용 인원수를 채우는 것이 될 때 우리는 마지못해 타협한다. 가령 '이 정도 경력의 사람이면 그래도 일은 할 수 있지 않을까' 싶은 마음에 적당한 지원자를 채용하는 것이다. 하지만 대개의 경우 지원자를 채용하는 과정에서 타협했던 부분에서 결국

탈이 난다.

　스픽에서 일하는 동안 타협하고 싶은 순간이 없었던 것은 아니다. 하지만 스픽은 언제나 내가 한 발짝 먼저 움직이고 한 단계 높은 수준이길 원했다. 높은 목표 뒤에는 언제나 그보다 더 높은 목표를 세웠고, 스픽의 채용 과정은 지독하다 싶을 만큼 깐깐했다. 당연히 실무자로서는 회사가 제시하는 높은 기준이 부담스럽기도 하고 성과에 대한 압박감도 크게 다가왔다. 채용이 길어질 때면 '제발 적당히 좀 하자'라는 마음이 절로 들었다.

　하지만 나는 이런 타협하지 않는 마음, 물러서지 않는 태도가 팀의 한 끗을 결정한다는 사실을 받아들였다. 높은 목표 뒤에 그보다 더 높은 목표가 제시되고, 성과 압박에 스트레스를 받을지언정 결국 타협하지 않는 마음 덕분에 개인으로서는 해낼 수 없는 높은 수준의 일을 해내고 최고의 동료와 일할 수 있었다. 목표와 타협하지 않는 것, 채용에서 타협하지 않는 것, 그것이 탁월성의 시작이었다.

목표와 타협하지 않는 법

아무리 탁월한 목표를 세웠더라도 그것을 달성하지 않으면 그것은 종이에 끄적거린 낙서에 지나지 않는다. 스픽 이전의 커리어를 돌이켜 보면 나는 언제나 계획을 세우고 목표를 설정해 왔다. 하지만 애써 플래닝Planning을 해두고도 그때그때 당장 해야 하는 일들을 해치우느라 정작 계획한 일들은 뒤로 밀리곤 했다. 또한 목표로 설정한 지표를 달성하지 못할 때마다 목표를 높게 잡았으니 달성을 못하는 것은 당연하다고 생각했다.

이런 습관과 태도에서 탁월한 성과가 나올 리 만무했다. '이 정도면 됐지', '목표는 목표일 뿐이지'라고 타협하는 순간, 애당초 세운 목표는 점차 멀어졌다. 어느새 목표를 달성하지 못하는 것은 당연한 일이 되고, 그 느슨함 사이로 목표에 대한 시니컬함, 안주하는 마음이 자리 잡았다. 그 결과, 조직이 애써 만들어온 일하는 문화까지 무너지곤 했다. 스픽은 두려울 만큼의 높은 목표를 세우면서도 지독하리만치 그 목표를 모두 달성했다. 치열하게 세운 목표는 빚 독촉을 하는 사채업자처럼 우리를 압박했고, 전략을 하나씩 실행할 때마다 그것이 성공이었는지 실패였는지 부검하듯 회고하며 작은 배움이라도 쌓아야 했다.

스픽 마케팅 팀에는 분기 내내 항상 우리를 따라다니는 그래프가 있다. X축에는 날짜, Y축에는 목표 매출이 쓰여 있고, 두 개의 선이 우상향의 모습으로 그려져 있다. 하나의 선은 우리가 목표를 달성하기 위해 따라가야 할 매출 가이드 선이다. 나머지 하나의 선은 실제 우리가 현재까지 달성한 매출을 기록한 선으로 X축의 시간이 쌓일수록 이 선은 목표 달성을 위한 가이드 선을 따라가게 된다. 목표 달성을 위한 가이드 선과 실제 매출 기록 선을 비교하며 지금 이 페이스를 유지했을 때 우리가 목표 달성을 할 수 있을지 여부를 가늠하는 것이다.

만약 실제 매출 기록 선이 목표 달성을 위한 가이드 선보다 한참 아래에 있거나 목표 달성이 불확실할 때에는 백업 플랜을 만들어 실행한다. 그 과정이 무척 괴롭기도 하고, 목표를 달성하지 못한다고 해서 본사 샌프란시스코 팀이 우리에게 화를 내거나 책임을 묻는 것도 아닌데도 팀원 모두는 목표 달성에 진심이다. 물론 목표는 목표일 뿐이므로 달성하지 못한다고 해서 큰일이 나지는 않는다.

하지만 우리가 목표를 반드시 달성해야 하는 이유는 목표란 달성해 본 놈들이 계속 달성하기 때문이다. 우리 손으로 세운 목표를 우리가 달성하는 것을 몇 차례 반복하면 팀원들의 마음속에는 '우리는 되는 팀'이라는 믿음이 생겨난다. 그 믿음이 모이면 팀에는 점차 위닝 해빗Winning habit(성공하는 습관)이 자리 잡는다. 목표를 세우고 달성하는 것이 당연하니까 목표 달성에 더 진심이 되고, 결국 목표를 자꾸 달성하게 되는 선순환이 이루어진다. 결국 우리가 달성한 목표가 우리를 구원하는 것이 아니라 목표에 타협하지 않기 위해 쌓은 노력이 팀을 구원하는 것이다. 이것이 우리가 수많은 목표를 세우고 그 목표들 때문에 고생을 하고, 매번 목표를 높게 세운 과거의 선택을 후회하면서도 끝내 목표를 낮추지 않는 이유다.

채용에서 타협하지 않는 법

스픽의 채용 과정은 오래 걸리고 까다롭기로 유명하다. 서류 면접을 통과하고 나서도 직무 면접, 과제 발표 면접, 문화 면접을 보고 또 샌프란시스코 본사와의 영어 면접까지 봐야 하니 기본적으로 스픽에 입사하기까지 최소 5번 이상의 인터뷰에 응하게 된다. 나 역시 스픽에 들어오기 위해 면접을 볼 때에 면접을 보는 회의실 모니터에 내 랩톱을 연결해 당일에 받은 직무 과제를 푸는 전 과정을 면접관들에게 실시간으로 공유해야 했다. 처음엔 10명 남짓 되는 작은 팀이 까다롭게 군다는 생각도 들었다. 이직을 준비하는 기간에는 하루하루가 소중하다 보니 긴 채용 절차가 원망스럽기도 했다. 하지만 그러한 과정을 거쳐서 스픽에 들어오고 나서 보니 길고 엄격한 채용 과정을 통과한 만큼 일 잘하기로 소문난 사람들이 모두 모여 있었다.

시장에서 성장 가능성을 발견하고 이제 막 성장에 박차를 가하는 팀일수록 팀원 한 명 한 명의 역량이 중요하다. 팀이 작을수록 팀원 한 명의 퍼포먼스가 매출에 미치는 영향력이 클 뿐 아니라 한 사람의 들고 남에 따라 회사 분위기와 문화도 획획 바뀌기 때문이다. 스픽은 지난 3년간 팀의 크기를 두 배 넘게 늘리면서도 채용 속도를 늦출지언정 그 기준에 있어서는 타협하지 않았다. 나는 한국 팀의 지사장을 채용하는 1년여의 기간 동안 스픽의 높은 채용 기준을 뼈저리게 경험했다.

2022년 4월, 스픽 한국 팀의 초기 성장을 이끌었던 박가영 지사장이 퇴사한 뒤 스픽 한국 팀의 지사장 자리가 공석이 됐다. 지사에 지사장이 없다는 것은 이제 막 성장에 속도를 내기 시작한 회사가 대표도 없는 상태에서 10년 차 미만의 리더들이 회사의 매출과 성장을 모두 책임져야 한다는 의미였다. 샌프란시스코 본사도 이런 상황이 불안할 수밖에 없었고, 한국 팀의 불안함은 말할 것도 없었다. 그해 우리에게 가장 중요한 일은 지사장을 뽑는 것이었다.

하지만 우리는 일반적인 지사장이 아니라 서울과 본사를 이어줄 가교 역할을 수행하면서도 팀의 성장을 이끌 수 있는 사람, 동시에 로우 에고 프로페셔널리즘을 겸비한 지사장이 필요했다. 존경할 만한 지원자들이 많았지만 우리가 세워둔 기준 모두를 강력하게 충족할 만한 사람을 찾기란 쉽지 않았다. 결과적으로 우리는 2023년 5월, 그러니까 채용을 시작하고 약 1년여 만에 새로운 한국 지사장을 채용할 수 있었다. 채용 기간이 길어지자 중간에는 포기하고 싶은 마음도 들었다. 이런 기준을 모두 만족시킬 수 있는 사람은 지구상에 없을 것 같았다. 하지만 우리는 우리가 세운 기준과 타협하지 않았고, 긴 기다림 끝에 새로운 지사장인 연승을 만날 수 있었다.

그녀가 스픽 지사장에 지원하고 입사하기까지는 총 6개월이 걸렸는데, 지사장 채용 이후 우리는 농담 반 진담 반으로 스픽 채용은 '헬 예Hell yeah 테스트'라는 말을 하곤 했다. 지옥에 가도 '예스'라고 말할 수 있는 사람, 즉 곧 죽어도 '예스'라고 할 만한 사람만 뽑는다는 뜻이다. 높은 수준의 기준이 있는 만큼 채용은 장기전이 되고 팀원들의 기다림도 길어지지만, '헬 예 테스트'를 통과한 사람이 팀에 합류했을 때 만들어내는 시너지를 경험하다 보면 단 한 명이라도 허투루 뽑고 싶지 않게 된다.

'회사 생활에서 최고의 복지는 동료'라는 말이 있다. 이 말이 다른 복지를 없애는 핑계가 되어서는 안 되겠지만, 함께 일하는 것이 자랑스러울 만큼 뛰어난 동료를 만나고, 그들을 통해 배우고 성장하는 것은 내가 회사를 다니는 동안 누릴 수 있는 최고의 복지가 맞다. 채용에서 타협하지 않을 때, 우리는 최고의 동료를 나의 동료로 맞이할 수 있고 그들과 함께 성장하며 나의 수준도 함께 높아진다. '우리가 원하는 사람이 정말 있을까' 싶었는데 그런 사람이 진짜 나타나 우리 팀에 합류하고, 그러고 나자 마치 그가 우리 팀의 마지막 퍼즐이었던 것처럼 팀이 이전보다 더 힘차게 굴러가기 시작할 때, 우리는 과거에 타협하지 않았던 스스로에게 고마워하게 될 것이다.

그러니 개인으로서는 달성하기 어려운 높은 수준의 목표를 세우고 한 발자국의 타협도 없이 성취해 나가자. 세상에 쉬운 일은 없다. '좋은 게 좋은 것'이라고 여기고, '어떻게든

되겠지' 하며 팀원들이 언제든 발을 뺄 준비를 하고 있는 팀
에서는 탁월성이 절대 발현되지 않는다. 상황이 어렵더라도
기준을 낮추지 않는 법, 높은 수준을 꾸준히 달성하는 법을
익힌다면 개인의 삶 역시 탁월해지기 시작할 것이다.

탁월성은
플래닝에서부터 시작된다

    목표와 타협하지 않는다는 것이 어떤 목표든 일단 세우면 무조건 달성하라는 의미는 아니다. 팀이 납득하고 이정표로 바라볼 만한 올바른 목표를 세우는 것이 먼저다. 단순히 '2배 성장', '매출 100억 달성'과 같이 목표가 숫자로만 존재하는 것이 아니라 그 목표를 달성할 전략까지 세워졌을 때, 우리는 그것을 타협 없이 계획대로 지켜낼 수 있다. 스픽에서의 모든 일은 플래닝으로부터 시작된다. 플래닝은 조직이 1분기 혹은 1년간 무엇을 위해 일을 하고, 어떤 방향으로 어떤 전략을 구사할 것인지를 기획하는 일을 뜻한다. 마치 장수가 전장에 나갈 때 어떤 전장에 나가서 어떻게 싸워 이길 것인가를 결정하는 일과 같다.

사회생활을 시작한 이후 나는 언제나 조직에 속해 많은 목표를 설정하고, OKR_{Objective and Key Results}('목표와 주요 성과 지표'를 아울러 가리킴)을 세우거나 내가 달성해야 할 일들을 계획해왔다. 그렇기 때문에 플래닝은 내게 분기가 시작되면 늘 하던 것, 새해 아침에 세우는 새해 다짐만큼이나 익숙한 것이었다. 하지만 스픽에 와서 그 생각은 완전히 바뀌었다. 스픽에 합류하고 처음으로 맞이한 분기(하필 성수기 중의 성수기인 1분기였다)의 플래닝을 하는데, 팀원들에게 아무리 내가 세운 계획과 전략에 대해 설명해도 "그래서 전략이 뭐냐", "그것을 할 수 있다는 근거가 뭐냐"와 같은 질문이 무한 반복됐다. 내가 머리를 쥐어짜며 만든 전략과 근거가 그들에게는 전략도 근거도 아닌 그저 가설에 불과했기 때문이었다.

나는 계속 플래닝 문서를 고쳐가며 그들을 설득할 수 있는 플래닝을 고심했다. 하지만 결국 나는 내가 플래닝이라고 생각했던 것들을 전부 버리고, 플래닝에 대해서 완전히 새롭게 배워야 함을 깨달았다. 하지만 이곳은 회사. 한시바삐 날아가는 로켓 위에 나를 앉혀놓고 친절하게 플래닝을 알려줄 사람은 없었다. 3년간 약 12번의 분기 목표를 세우고 공유하고 까이고 고치기를 반복하면서 조직이 원하는 플래닝을 스스로 터득해야 했다. 그 과정에서 가장 먼저 깨달은 것은 탁월한 플래닝이란 그것을 대하는 태도와 자세부터 다르다는 것이었다.

달이 커야 그 조각도 크다?

스픽은 '달이 커야 그 조각도 크다'라는 말을 믿지 않는다. 이 말은 보통 '꿈이 커야 그 꿈이 깨져도 그 조각이 크다'라는 말과 일맥상통하는 말로 목표를 보수적으로 세우고 싶어 하는 팀원들에게 리더가 자주 하는 말이기도 하다. 물론 틀린 말은 아니다. 하지만 나는 이 말을 스픽에서 단 한 번도 듣지 못했다. 그 이유는 '달이 커야 그 조각도 크다'라는 말에는 어느 정도 최종 목표(달)를 달성하지 못할 것이라는 믿음이 깔려 있기 때문이다.

하지만 그것이 아무리 큰 목표일지라도 우리가 일단 달을 갖기로 했다면 궁극적으로는 달을 가져야 한다. 그것이 우리가 목표를 세우고 달성해 가는 이유다. 만약 누군가 "달이 커야 그 조각도 크지요"라고 말한다면 스픽은 꼭 이렇게 말할 것 같다. "우리는 달을 얻으려고 여기에 모였는데 왜 조각을 얻고 앉아 있나요?"라고.

'달이 커야 그 조각도 크다'라는 말이 위험한 이유는 우리가 세운 '달'이라는 목표를 다 달성하지 않아도 된다는 뉘 앙스가 담겨 있기 때문이다. 스픽에서 목표를 세우는 원칙은 단순하다. 이 두 가지 원칙만 지켜도 이미 목표 설정의 절반 은 성공한 셈이다.

1. 목표는 달성하기 위해 세운다.
2. 세운 목표는 반드시 달성한다.

좋은 기세를 만드는 탁월한 플래닝

회사에서의 시간은 빨리 간다. 분명 1분기 계획을 세 운 지 얼마 지나지 않은 것 같은데 금세 2분기 계획을 세울 때가 돌아온다. 이런 일들이 반복되다 보면 플래닝 자체가 점 점 일을 위한 일이 되고 부담스러워진다. 나 또한 어떤 분기 에는 당장이라도 이 목표를 달성하고 싶어 안달이 났다가도 어떤 분기에는 '아, 목표 설정, 저거 또 왔네'라며 투덜거리기 도 했다. 그런데 내가 스픽에서 일하며 깨달은 것 중 하나는 목표 설정을 하는 그 순간의 기세가 그 분기의 기세를 결정한다는 것이다.

하루 일과를 계획하는 것과 버킷리스트를 작성하는 마음가짐이 다른 것처럼 목표도 어떤 마음과 어떤 기세로 세웠는지에 따라 그 달성 여부가 결정된다. 기세에는 팀원들의 에너지 레벨과 동기부여의 정도, 몰입도 등 다양한 변수가 작용한다. 그 기세를 항상 일정 수준 이상으로 유지하는 것은 쉬운 일이 아니다. 그래서 팀원은 정확한 비전을 보여주지 않는 리더를 답답해하고 리더는 열정적이지 않은 팀원을 답답해한다. 또한 이러한 기세는 누구 한 명이 "이번 분기 목표는 꼭 달성합시다! 아자! 아자! 할 수 있다!"를 외친다고 해서 생기는 것도 아니다. 열정은 누군가 강요할 수 있는 것도 아니며 몇 번의 회식과 워크숍을 통해 고조된 분위기는 금세 흩어져 사라지는 아지랑이에 지나지 않는다. 그렇다면 목표를 달성하는 기세는 어떻게 만들어지는 것일까?

당연한 이야기이지만 탁월한 기세는 탁월한 플래닝에서 나온다. 팀의 목표에는 관심이 없어 보이고 모든 프로젝트에 시큰둥해 보이는 팀원도 안다. 지금 우리 팀의 전체 플래닝이 상위 레벨의 리더를 만족시키기 위한 목표인지, 아니면 진짜 목표를 달성하기 위한 플래닝인지를. 진짜 목표를 달성하기 위해 세워진 탁월한 플래닝만이 탁월한 목표를 달성할 수 있다.

그렇다면 탁월한 플래닝이란 무엇일까? 탁월한 플래닝은 무엇보다 목표 달성을 위한 가이드 역할을 해줄 수 있어야 한다. 구성원 모두에게 우리가 목표를 향해 알맞게 가고 있는지 알려줄 수 있어야 하고, 그 목표를 이루기 위해 각각의 구성원이 저마다 어떤 위치에서 어떤 기여를 하고 있는지 정확히 알려줄 수 있어야 한다.

팀의 성공은 플래닝에서부터 결정된다

많은 팀이 항상 분기 초에는 꼼꼼하게 목표 설정을 해두고도 한 달만 지나면 자신이 목표를 어떤 문서에 정리를 해놨는지, 그 내용이 무엇이었는지조차 잊어버린다. 기세등등하게 계획했던 일들도 흐지부지되어버리거나 한참 후에야 '아, 맞다! 이런 거 하기로 했었지'라며 목표를 까먹는 경우도 허다하다. 목표를 기억하지 못하니 목표를 달성할 수 있을 리 없다.

탁월한 플래닝은 정확한 내비게이션처럼 나의 도착지

와 거기까지 가는 경로를 분명히 보여주어야 한다. 그 목적지까지 얼마나 남았는지, 각 구간마다 달성 현황이 원활한지 막히는지를 분명히 보여줄 수 있어야 한다. 또한 탁월한 플래닝을 했다면 모든 팀원이 우리가 달성해야 하는 목표가 무엇인지 명확하게 한 줄로 설명할 수 있어야 한다. 자신이 하는 일이 팀의 목표에 어떻게, 얼마나 기여하는지도 정확히 알고 있어야 한다.

이런 내용들은 리더가 팀원에게 하달하여 팀원들이 달달 암기하는 것이 아니다. 플래닝의 시작부터 끝까지 팀원들이 모두 함께 우리만의 지도를 만들어가야 한다. 많은 실무자가 자신이 뼈 빠지게 하는 일이 조직에 어떻게 기여하는지 몰라 무기력감이나 불안감을 느낀다. 함께 세운 플래닝이 팀의 든든한 가이드 역할을 하기 시작하면 팀원들은 자신이 하는 일이 전체 그림에서 어디에 해당하는지 직접 찾아볼 수 있고 불안해하지 않게 된다.

그 결과, 팀원들의 업무 몰입도가 자연스럽게 올라가고 팀원들이 목표에 몰입하기 시작하면 좋은 기세는 저절로 만들어진다. 리더 역시 플래닝을 탁월하게 잘하는 것만으로도 한 분기 동안 팀원들을 이끌고 항해를 이어갈 만능 지도가 생기는 셈이니 우리 팀이 어디를 향해 가고 있는지, 무엇을 해야 하는지 몰라 우왕좌왕하지 않아도 된다.

　물론 플래닝은 어디까지나 플래닝이기 때문에 중간에 계획은 바뀔 수도 있고 엎어질 가능성도 있다. 하지만 우리가 가고자 하는 목적지가 분명한 상태에서 그곳으로 가기 위한 경로를 수정하는 것과 계획 없이 무작정 '성장을 향해 달려보자!'라고 시작한 뒤 도착한 아무 곳에서 계획을 수정하는 것에는 큰 차이가 있다. 팀원 모두가 무엇을What, 왜Why 해야 하는지를 명확히 알고 시작했을 경우, 중간에 가는 경로How가 바뀌는 것쯤은 별일이 아니다. 반면에 후자의 경우에는 리더와 팀원 모두 갈피를 잡지 못하게 된다.

　여기까지 읽었다면 '가이드 역할을 해줄 수 있는 탁월한 플래닝을 해야 팀의 기세가 좋아지고 목표를 달성할 수 있다는 것은 알겠는데, 그렇다면 그 가이드 역할을 하는 플래닝을 어떻게 해야 하는 걸까?'라는 마음이 들 것이다. 이제부터는 실무 현장에서 플래닝을 하는 방법을 알아보자.

탁월한 플래닝의
모든 것

먼저 플래닝이라는 용어에 대해 짚고 넘어가자. 플래닝은 목표를 달성하기 위한 방향성과 계획의 합으로 플래닝은 크게 '목표 설정'과 '전략 설정'으로 구성된다.

플래닝은 크게 '목표 설정'과 '전략 설정'으로 구성된다.

플래닝의 큰 틀,
목표 설정과 전략 설정

목표를 설정하는 것은 우리가 어디를 향해 갈 것인지를 결정하고 목적지를 찍는 것과 같다. 매출을 높이거나, 성장률을 키우거나, 시장 점유율을 넓히는 것 모두 목표가 될 수 있다. 이러한 것을 목표로 설정하는 것은 전혀 문제가 없다. 한편 목표를 달성해야 하는 실무자 관점에서 가장 힘 빠지는 목표가 있다. 바로 밑도 끝도 없는 '매출 2배 성장'과 같은 목표다. 매출을 올리는 게 목표인 것은 이해가 된다. 하지만 '2배'라는 숫자가 어디에서 나왔는지, 대표가 '기존 매출의 2배를 달성하자'라고 하면 그것이 절로 달성되는 것인지는 팀원들 입장에서 의문이다. 이처럼 전혀 와닿지 않는 목표는 팀원들에게 비전을 제시하지 못하고 결국 공허한 구호에 지나지 않게 된다.

목표는 전사의 방향성과 하이레벨 지표로 세분된다. 전사의 방향성이라 함은 우리 회사가 현재 공격적으로 성장을 해야 할 때인지, 보수적으로 현금을 지켜야 할 때인지, 혹은 투자를 받기 위해 회사의 가치를 높여야 할 때인지 등과 같이 회사가 앞으로 나아가야 할 방향을 뜻한다. 이는 상위

| 목표 | 1. **전사의 방향성**
(공격인가? 수비인가? 밸류에이션인가?)
2. **하이레벨 지표**
(LTV*, MRR**, ARR*** 등) |

*	Lifetime Value, 고객이 평생 동안 기업에 제공하는 총 수익.
**	Monthly Recurring Revenue, 월 단위로 예측 가능한 반복 수익.
***	Annual Recurring Revenue, 연 단위로 예측 가능한 반복 수익.

목표는 '전사의 방향성'과 '하이레벨 지표'로 세분된다.

레벨의 리더들이 결정하는 영역으로 이것이 설정되어야만 실무자들이 앞으로 우리가 나아갈 방향을 조정하고 영점을 조준할 수 있다. 이러한 의사 결정 없이 목표를 설정하다 보면 정작 매출은 성장했는데 회사의 재무 상태는 나빠지거나, 신규 트래픽은 열심히 모았는데 정작 매출은 역성장하는 결과를 낼 수 있다.

전사의 방향성이 설정되면 그 방향을 향해 우리가 잘 가고 있는지 아닌지를 가늠할 수 있는 지표를 하이레벨 지표로 설정한다. 예를 들어 현재 우리가 공격적인 성장을 할 때라고 전사의 방향성을 결정했다면 작년 대비 매출 성장률YOY 또는 유료 구독자 수가 하이레벨 지표가 될 수 있다. 만일 우리가 현재 가치를 높여서 투자를 받아야 할 때라고 전사의 방향성을 결정했다면 투자를 받기에 유리한 트래픽 혹은 리텐션(재방문) 지표 등이 하이레벨 지표가 될 수 있다.

하이레벨 지표가 정해졌다면 이제는 전략을 설정할 때다. 전략이라는 단어를 사전에 검색하면 '전쟁을 전반적으로 이끌어가는 방법이나 책략으로 전술보다 상위 개념'이라고 나온다. 우리가 매일 행하는 업무가 전술이라면, 전략은 그 업무들을 아우르는 상위의 큰 그림인 것이다. 그래서인지 전략은 언제나 굉장해야만 할 것 같고, 아무리 세워도 빈약하

1. 문제 설정:
우리가 해결해야 하는 문제는 무엇인가?

2. 이니셔티브* 설정:
문제를 해결하기 위한 이니셔티브는 무엇인가?

3. 액션 아이템:
이니셔티브를 달성하기 위한 액션 아이템은 무엇인가?

4. 핵심 지표:
우리가 달성해야 하는 지표(KR)는 무엇인가?

*   어떤 문제를 해결하거나 목표를 달성하기 위한 계획 또는 방향성

전략을 세울 때에는 전략이라는 큰 개념을 작은 단위로 나누어 공략해야 한다.

게만 느껴진다. 나름 전략대로 잘 움직이다가도 누군가(특히 대표님이) "그래서 전략이 무엇인가?"라고 물어보면 전략이라는 게 있었던가 싶기도 한다. '전략'이라는 그 모호한 개념에 막막해져버리고 마는 것이다. 그래서 전략을 세울 때에는 전략이라는 큰 개념을 작은 단위로 나누어 공략해야 한다.

전략 플래닝의 디테일 ①
─ 문제 설정

모든 전략은 문제를 설정하는 것에서 시작된다. 여기서 '문제Problem'란 앞 단계에서 정한 하이레벨 지표를 달성하지 못하게 만드는 요인, 또는 목표를 달성하기 위해 우리가 가장 먼저 해결해야 하는 요인이다. 문제 설정을 어떻게 하느냐에 따라 같은 목표 지점을 향해 가는 방식이 완전히 달라진다. 똑같이 '매출 성장'을 목표로 하더라도 매출 감소의 문제(원인)를 신규로 유입되는 유저의 감소로 설정할 때와 기존 유저의 이탈로 설정할 때의 문제 해결 방식이 완전히 달라지기 때문이다.

가령 문제를 신규 유저 감소로 설정했다면 신규 유저

를 확보하기 위한 마케팅 활동을 해야 한다. 기존 유저 이탈이 문제라면 기존 유저의 재활성을 위한 캠페인을 해야 할 것이다. 이처럼 문제를 어떻게 설정하느냐에 따라 우리가 할 일이 완전히 달라진다.

목표를 세우다 보면 모든 문제가 다 중요한 것 같다. 어떤 문제들은 있는지도 모른 채 지나치게 된다. 그래서 문제 설정 단계에서는 우리가 해결해야 하는 문제의 후보들을 리스트업List up 하고 그 문제들이 진짜 문제인지 확인해야 한다.

그리고 우리가 목표를 달성하기 위해 가장 먼저 해결해야 하는 문제가 무엇인지 그 우선순위를 따져보아야 한다. 모든 문제를 한 번에 해결할 수는 없다. 팀이 힘을 모아 집중해야 하는 문제 1~2가지를 설정하고 그 문제를 해결하기 위해 온 전력을 쏟을 때, 팀의 하이레벨 지표가 조금씩 움직이기 시작한다.

전략 플래닝의 디테일 ②
─ 이니셔티브 설정과 액션 아이템

문제 설정을 마쳤다면 그다음 단계는 이니셔티브

틀려라, 트일 것이다 |||

Initiative를 설정하는 것이다. 이니셔티브는 어떤 문제를 해결하기 위한 어떤 플랜이나 방향성으로 설정한 문제를 해결하기 위해 우리가 시도해 볼 수 있는 방법 또는 방향성을 뜻한다. 예를 들어 우리 팀이 2배 성장하기 위해 해결해야 하는 문제가 프로모션 기간 동안 구매로 전환할 수 있는 잠재 고객이 줄어드는 것이라고 치자. 이 경우 프로모션 기간 이전에 잠재 고객을 확보하는 캠페인을 하는 것이 하나의 이니셔티브가 될 수 있다.

이니셔티브 단계에서 문제를 해결하기 위한 방향성이 정해졌다면 그 이니셔티브를 어떻게 달성할 수 있는지를 구체화하는 단계가 액션 아이템Action item의 단계다. 앞의 예시를 이어가자면, 프로모션 기간 전에 잠재 고객을 확보한다는 이니셔티브를 달성하기 위해 프로모션이 시작되기 일주일 전에 신규 가입을 유도하는 이벤트를 기획하는 것이 액션 아이템이 된다.

액션 아이템이 도출된 이후에는 액션 아이템을 통해 달성하고자 하는 지표인 핵심 지표를 명확히 한다. 여기서 핵심 지표는 우리가 설정한 액션 아이템의 성공 여부를 결정하는 지표다. 만일 신규 가입을 유도하는 이벤트를 진행하는 것이 액션 아이템이었다면 이를 통해 확보한 신규 가입자 수가 핵심 지표가 된다.

핵심 지표 역시 문제를 어떻게 설정하느냐에 따라 달라진다. 동일한 신규 가입 이벤트를 진행하더라도 해결하고자 하는 문제가 신규 가입 고객을 최대한 많이 확보하는 것인지 혹은 신규 고객이 구매로 전환되는 전환율을 높이는 것인지에 따라 핵심 지표가 달라지기 때문이다. 중요한 것은 이 핵심 지표를 개선하는 것이 문제를 해결하는 데 직접적인 영향을 미칠 수 있어야 한다는 점이다. 분명 핵심 지표를 개선했음에도 우리가 설정했던 문제가 해결되지 않는 경우가 발생한다. 이를 방지하기 위해서는 마지막 단계를 거쳐야 한다.

전략 플래닝의 디테일 ③
─ 역순 검토

전략을 세우고 나서 해야 할 일은 '액션 아이템 → 이니셔티브 설정 → 문제 설정 → 하이레벨 지표 → 전사의 방향성'의 역순으로 올라가면서 이것들이 이어지는지를 확인하는 작업이다. 이를테면 내가 실행하려는 액션 아이템을 통해 신규 가입자를 확보하는 것(이니셔티브)이 우리 팀이 해결

틀려라, 트일 것이다

0. **전사의 방향성:**
   전사가 가고자 하는 방향과 일치하는가?

1. **하이레벨 지표:**
   하이레벨 지표와 높은 상관관계가 있는가?

2. **이니셔티브 설정:**
   핵심 결과를 달성하면 이니셔티브를 달성할 수 있는가?

3. **액션 아이템:**
   액션 아이템을 실행하면 나오는 지표가 맞는가?

4. **핵심 결과**

전략 설정 후 점검 리스트

하고자 했던 문제를 해결하는 데에 도움이 되는지, 그 문제를 해결하는 것이 가장 먼저 수립했던 회사의 성장이라는 상위 목표에 도움이 되는 일인지 재확인하는 것이다.

이렇게 위에서 아래로, 다시 아래에서 위로 검토하다 보면 우리가 처음 세운 전사의 방향성에서 벗어난 프로젝트, 우선순위가 낮은 프로젝트들을 걸러낼 수 있다. 그 과정에서 문제를 해결하고 목표로 달성하는 데에 핵심적인 역할을 하는 프로젝트들만 남길 수 있다. 그렇게 되면 리더 입장에서는 팀원의 리소스와 에너지를 회사의 목표를 달성하는 데 더욱 집중할 수 있다. 팀원 입장에서는 내가 하는 일이 팀의 큰 그림 위에서 어디에 위치하는지, 우리가 지금 어디를 향해 가고 있는 것인지 명확하게 알고 일을 할 수 있게 된다.

다시 정리하자면, 목표를 설정하는 것은 우리가 싸울 전장을 정하는 것이고, 전략을 설정하는 것은 전장에 나가서 어떻게 싸울 것인가에 대한 전술이다. 리더가 목표와 전략 없이 팀원들에게 일단 매출을 향해 달리라고 말하는 것은 장수가 병사를 아무 곳에나 내려주고는 알아서 살아남으라고 말하는 것과 같다. 아무리 뛰어난 병사도 팀과 전술 없이는 이길 수 없다. 끼워 맞추기 식, 보여주기 식의 플래닝은 이제 과감히 그만두자. 똑똑하고 유능한 팀원들일수록 목표 설정부터 이를 달성할 수 있는 전략까지 한 번에 이어지는 큰 그림을 그려줄 수 있는 리더를 원한다.

목표 달성을 위한
영점 조준, 지표 설정

지표는 매출, 전환율, LTV(평생 고객 가치)처럼 비즈니스나 팀의 상황을 반영하는 숫자다. 이는 우리가 목적지까지 잘 가고 있는지, 우리의 전술이 잘 작동하고 있는지를 추적하는 역할을 한다. 지표는 전 세계 어떤 팀원이 읽어도 올바르게 해석할 수 있는 공용어의 역할을 하기도 한다. 목표와 전략을 세우는 것이 내비게이션에서 목적지를 설정하고 경로를 찾는 과정이었다면, 지표는 '현재 내 위치' 버튼을 눌러 우리가 어디를 지나고 있는지 확인할 수 있는 위도와 경도 같은 좌표이기 때문이다.

숫자는 거짓말을 하지 않는다

지표는 온라인상에서 유저들이 남긴 발자국을 눈에 보이는 숫자 또는 이벤트 값의 형태로 치환한 것과 같다. 오프라인 매장에서 오늘 하루 동안 몇 명이 방문했고 또 몇 명이 구매를 했는지 그 수를 세는 것처럼 온라인상에서 우리가 서비스를 제공하는 플랫폼에 방문한 사람의 수, 서비스를 장바구니에 담는 사람의 수, 상품을 장바구니에 담고 이탈한 수, 끝까지 구매한 사람의 수 등을 다양한 데이터 형태로 집계하는 것이다.

데이터는 유저들이 남기고 간 정보이고, 데이터를 통해 얻게 된 지표들은 우리가 수많은 의사 결정을 해나갈 때에 옳은 판단을 돕는 근거가 되어준다. 그래서 팀이 바라보는 지표를 보면 팀의 상황이 어떠한지, 어떤 문제를 해결하고 있는지, 어디를 향해 가고 있는지를 고스란히 알 수 있다. 스픽 역시 팀이 성장함에 따라 북극성처럼 바라보던 지표를 계속 바꾸어왔다.

틀려라, 트일 것이다 |||

스픽 지표의 역사

지표와 관련한 용어 중에 '북극성 지표'라는 말이 있다. 팀의 목표와 방향성을 반영하고 이를 측정하는 척도를 일컫는다. 길을 잃었을 때 하늘에서 언제나 북쪽을 가리키는 북극성을 찾아 방향을 가늠하는 것처럼 우리 팀이 어디로 가야 할지 길을 잃었을 때 길잡이 역할을 해주는 지표가 바로 북극성 지표다.

2022년에 스픽이 북극성 지표로 삼았던 것은 매출과 성장률이었다. 한국 시장에서 공격적으로 성장해야 했던 만큼 전년도 대비 몇 배의 성장을 하고 당장 이번 달에 찍히는 매출을 늘리는 것이 중요했다. 팀의 우선순위 지표는 자연스럽게 전년도 대비 YOY_{Year of year} 성장률, 전체 한국 팀이 만들어낸 매출_{Revenue}이 됐다. 당시 스픽은 우리가 설정한 광고비 대비 매출 효율_{ROAS}을 유지하는 한 계속해서 마케팅 채널과 예산을 공격적으로 확장하며 매출을 성장시켰다.

2022년 1월, 전년도 대비 4배 성장을 하며 한국 시장에서 스픽에 대한 인지도가 생기기 시작한 후부터는 점차 비용 효율을 개선하는 데 집중하기 시작했다. 2023년부터는 유저가 스픽 앱을 구독할 때마다 구글 플레이스토어, 애플 앱스토어와 같은 플랫폼에 지불하는 결제 수수료와 환불 비용을 제외한 성장 마진Growth Acquisition Margin과 같은 개념이 새로운 지표로 추가됐다. 또한 온전히 페이드 마케팅을 통해 발생한 매출과 그 효율을 트래킹하고 최적화하기 시작했다. 하지만 여전히 우리는 압도적인 성장을 원했기에 광고 효율과 서비스 마진을 개선하면서도 전년도 대비 성장률과 매출을 1순위 지표로 삼았다.

이후 2024년이 되면서 스픽이 글로벌 40개국에 진출하고, 글로벌 전체 누적 다운로드 수가 1000만이 넘어가자 우리에게는 장기적인 관점의 지표가 필요해졌다. 그때 도입한 지표가 LTV다. 가장 상위의 지표를 단순히 이번 달에 찍히는 매출에서 한 명의 고객이 서비스를 이용하는 동안 창출시킬 것이라 예상되는 총 수익으로 바꾸게 된것이다. 효율 지표 역시 매출에서 마케팅 비용을 나눈 ROAS에서 한 사람이 평생 우리에게 가져다주는 수익LTV을 그 한 사람을 획득하기 위해 서비스가 지불한 비용CAC로 나눈 LTV:CAC로 측정하게 됐다.

성장을 위한 지표, YOY

갑자기 등장한 지표와 그 용어들에 정신이 혼미할지도 모르겠다. 하지만 여기서 중요한 것은 지표의 명칭과 그 뜻이 아니다. 중요한 것은 팀의 성장 단계와 상황에 따라 바라보는 지표 역시 달라져야 한다는 점이다. 동시에 지표가 바뀔 때마다 팀이 의사 결정을 하는 방식뿐 아니라 실무자가 일하는 방식까지 모두 달라져야 한다.

이를테면 매출과 LTV는 결국 회사가 벌어들인 수익이라는 점에서는 같은 맥락 안에 있다. 하지만 매출을 지표로 삼는 것과 LTV를 지표로 삼는 것에는 큰 차이가 있다. 마케터 입장에서는 당장 이번 달에 수익을 낼 사람을 데려오는 것과 우리 서비스를 오랫동안 이용해 꾸준히 매출을 올려줄 사람을 데려오는 것이 완전히 다른 일이기 때문이다. 당장의 매출을 올리기 위해서는 결제가 간편한 앱 결제를 시키는 것이 유리하지만, 장기적인 수익LTV 관점에서는 구독 취소율이 앱보다 낮은 웹사이트를 통해 결제시키는 것이 더 유리할 수 있다.

이런 맥락에서 마케터가 바라보는 북극성 지표가 매출에서 LTV로 바뀌었다면 마케터가 해야 할 일 역시 앱 결제에 유리한 광고를 만드는 것에서 웹사이트 결제를 늘리기 위해 매력적인 상세 페이지를 만들고 웹사이트의 결제 경험을 개선하는 것으로 바뀌어야 한다. 지표가 바뀌는 것은 팀이 바라볼 북극성의 위치가 바뀌는 것과 같다. 이는 팀이 도착해야 하는 최종 목적지가 달라지는 일로 연결되기도 한다. 그러므로 단순히 매출이 중요하니까, 다른 회사가 이 지표를 보니까 그 지표를 북극성 지표로 택하는 것이 아니라 팀의 상황과 목표와 전략 모든 것을 반영해 결정해야 한다.

그렇다고 해도 사람들은 여전히 스픽이 어떤 지표를 가장 중요하게 보는지 궁금해한다. 그럴 때마다 나는 스픽에서 가장 중요한 지표는 연간 성장률을 뜻하는 YOY라고 답한다. YOY는 전년도 대비 성장률로 우리가 전년도 대비 성장하고 있는지, 성장했다면 얼마만큼의 폭으로 성장하고 있는지를 알려주는 지표다. 즉, YOY는 서비스가 성장하는 기세를 고스란히 반영하는 지표다. 따라서 YOY는 북극성 지표뿐 아니라 모든 지표에 걸쳐 함께 추적되어야 한다. 매출이 작년보다 성장해 매출 YOY는 늘었어도 신규 가입자의 YOY가 줄었다면 장기적으로는 매출이 줄어들 수 있다. 또는 신규 가입자 YOY가 늘었더라도 신규 가입자가 유료 고객이 되는 전환율이 작년 대비 줄었다면 우리의 매출은 그대로일 수 있다.

스픽도 처음에는 매출과 같은 상위 지표의 YOY에 주로 집중했지만 시장 내에서 서비스가 점차 성숙함에 따라 신규 가입자 수, 앱의 재사용율과 같은 다양한 지표의 YOY를 함께 고려하게 됐다.

생물처럼 끊임없이 변화하는 지표

지표는 서비스의 심박계와 같아서 서비스의 라이프 사이클에 따라 계속 진화한다. 스픽 역시 서비스가 성숙해감에 따라 바라보는 지표가 다양해지고, 그 단위와 의미 역시 끊임없이 변화했다. 나 역시 다양한 지표들을 셰르파(고산 등반 시 등산대에게 길을 안내해주거나 짐을 들어주는 사람) 삼아 스픽의 성장 능선을 넘고 또 넘었다. 처음엔 봐야 할 지표가 너무 많아서, 그리고 그 지표가 너무 자주 바뀌어서 힘들다고 생각했다. 그런데 돌아보니 내가 챙기는 지표가 더 넓어지면서 나의 역량과 관점 역시 성장하고 있었다. 이전에는 단기적인 지표 하나에 전전긍긍했다면 점차 LTV와 같은 장기적인 관점에서 내가 해야 할 일을 고민하고, 그 결과 본질적인 해결책들을 찾을 수 있게 된 것이다.

가령 내가 바라보던 지표가 광고 소재의 성과뿐일 때에는 내가 하는 모든 일의 결과가 광고 소재 하나의 클릭율을 개선하는 수준이었다. 그러나 이제는 내가 하는 일이 광고의 효율을 개선하는 것은 물론이고, 장기적인 관점에서 팀의 상위 목표를 달성하는 데에 기여하게 되는 것이다.

지표가 개선되고, 내가 바라보는 지표가 더 확장되는 만큼 개인의 역량도 확장된다. 지금 일을 하면서 어딘가에서 막혀 있다면 내가 바라보는 지표를 점검해보자. 현재의 지표가 우리를 단기적인 의사 결정을 하도록 만드는 지표이진 않은지, 팀의 전체 목표와 전략과는 방향이 다른 지표가 설정되어 있지는 않은지를 점검하자. 만일 그렇다면 영점 조준을 하듯 올바른 지표를 설정해야 한다. 지표를 잘 정의하고 제대로 설정하는 것만으로도 희미했던 문제 해결의 실마리를 찾을 수 있을 것이다.

Certainty

확실성

해보지 않은 일을 할 때,
우리에게 필요한 것

아무리 틀려도 괜찮다고는 해도 한 번도 해보지 않은 일이나 불확실성이 높은 일을 해야 할 때에는 걱정이 먼저 앞선다. 한 번도 해보지 않아서 결과가 어떻게 될지 모르고, 또 미래의 일은 예측할 수 없기 때문이다. 하지만 모든 일과 시도에 불확실성이 따른다고 해서 아무것도 하지 않으면 아무 일도 일어나지 않는다. 뭐가 되든지 간에 일단 해봐야 결과를 알 수 있는데, 하기 전까지는 결과를 모르니 새로운 시도를 못하는 악순환에 빠지는 것이다.

스픽의 조직문화가 누구나 틀릴 수 있음을 전제로 한다고 해서 모든 일의 불확실성을 받아들인다는 뜻은 아니다.

오히려 불확실한 것들을 확실한 것들로 치환하기 위해 어마어마한 노력을 기울인다. 한 번도 해보지 않아서, 눈에 보이지 않아서, 모호해서 확실히 할 수 없는 일들을 마치 카드 뒤집기 게임을 하듯 하나하나 뒤집어보며 불확실한 것에서 확실한 것으로 바꾸어나간다. 이러한 검증의 과정이 때로는 실행의 과정보다 시간이 더 오래 걸리기도 한다. 또한 답이 없는 것들의 답을 찾으려다 보니 업무의 난도는 한없이 올라가기도 한다.

하지만 이러한 검증의 과정 없이 '잘될 것이라는 믿음'만 가지고 우리가 가진 모든 비용과 에너지를 투자하기에는 그 결과가 실패일 때 우리가 치러야 할 대가가 검증을 위해 치러야 할 대가보다 훨씬 크다. 이번 장에서는 스픽이 불확실성이 높은 일을 할 때 어떻게 그것들을 검증하고 불확실성을 확실성으로 바꾸는지에 대해 알아보자.

테스트를 통해 불확실성을 소거하라

해보지 않은 일의 불확실성을 줄이는 가장 효과적인 방법은 테스트를 하는 것이다. 테스트는 본격적으로 큰 자원이나 리소스를 투자하기에 앞서 이 아이디어가 성공할 만한지를 미리 검증하는 과정이다. 테스트는 아이디어를 검증하는 역할뿐 아니라 테스트 없이 바로 아이디어를 실행했을 때 겪게 될 리스크를 줄여주는 역할도 한다. 테스트 당시에는 큰 효과가 없어 보일지 몰라도 테스트를 통해 입증된 가설들로 인한 개선 효과가 몇 년에 걸쳐 복리로 돌아오기도 한다.

가령 서비스에 가입한 이후 무료 체험을 시작하는 전환율을 10퍼센트 개선한다면 당장의 이익은 작아 보일지 몰라도 이후 서비스가 성장해 더 많은 고객이 방문할 때에는 미리 개선해둔 10퍼센트의 효과 역시 함께 커지기 때문이다. 그렇다면 지금까지 한 번도 해보지 않은 일에 대한 테스트는 어떻게 해야 할까?

스픽의 '가테시스' 사이클

나는 어느 날 우리가 일하는 과정을 되짚어 보다가 모든 일들이 다음의 사이클 위에서 움직이고 있다는 것을 발견했다.

이 사이클은 스픽이 하나의 아이디어를 어떻게 검증

스픽의 '가테시스' 사이클

하고 적용하는지를 설명해 줄 수 있는 사이클로 그 원리가 단순하다. 1) 가설을 세우고 → 2) 가설을 검증하기 위해 최대한 작은 리소스로 테스트하고 → 3) 그 테스트에서 긍정적인 시그널이 있는 경우 → 4) 스케일업 하는 것이다. 가설을 세우고, 적은 리소스로 테스트하고, 그것을 통해 얻은 시그널을 반영해, 스케일업 하는 것. 나는 이 사이클을 '가테시스(가설-테스트-시그널-스케일업)' 사이클이라 부른다.

이름을 거창하게 붙였을 뿐 우리가 해왔던 일들을 역순으로 짚어보면 우리는 알게 모르게 이미 가테시스 사이클로 일하고 있는 경우가 많다. 스픽의 인플루언서 캠페인을 그 예로 들어보자. 스픽이라고 해서 처음부터 구독자 수 100만 명이 넘는 유튜브 인플루언서와 협업할 수 있었던 것은 아니다. 그렇게 많은 돈을 투자하기엔 당시 인플루언서 시장이 초창기였고 무엇보다 이를 통해 돈을 벌 수 있다는 확신이 부족했다.

그래서 우리는 '인플루언서라면 콘텐츠를 통해 스픽에 대해 설명할 수 있는 기회가 있으니 구매 전환도 충분히 할 수 있을 것이다'라는 가설을 세웠다. 그리고 처음부터 협업 비용이 높은 유튜브 인플루언서를 섭외하기 전에 협업 비용이 보다 저렴한 인스타그램 인플루언서를 섭외하기로 했다. 인플루언서라는 범주 안에서 최소한의 리소스로 테스트할 수 있는 방법을 찾은 것이다.

그 결과, 판매의 절대적인 볼륨은 적었지만 충분히 유의미한 전환율을 확인했다. 이 시그널을 바탕으로 스케일업 전략은 처음 고려했던 유튜브 인플루언서로 채널을 넓히는 것과 더 많은 인스타그램 인플루언서를 확보하는 것으로 확장됐다. 우리는 테스트 과정에서 쌓은 배움을 토대로 현재의 유튜브 인플루언서 마케팅의 뼈대가 되는 전략을 세울 수 있었다.

앞 장에서 언급한 '천하제일 변명 대회' 역시 '사람들에게 영어 공부를 멈추게 된 이유를 변명하게 하면 많은 참여를 유도할 수 있을 것이다(가설) → 가장 쉬운 인스타그램 댓글 이벤트로 진행해본다(테스트) → 댓글 반응을 확인한다(시그널) → 마케팅 비용과 개발 리소스를 투자해 대형 브랜드 캠페인으로 발전시킨다'의 과정을 거친 전형적인 가테시스 사이클의 사례다.

반복, 최선의 정답을 향한 가장 빠른 지름길

가테시스 사이클은 한 번에 완성되지 않는다. 가설을 세우고, 테스트하고, 시그널을 바탕으로, 스케일업 하는 전 과정을 될 때까지 '반복Iteration(이하 '이터레이션')'할 때 완성된다. 여기서 반복이란 똑같은 행동을 단순 반복하는 것이 아닌, 앞의 사이클을 통해 배운 것들을 다음 사이클에 반영하며 반복하는 것을 의미한다. 테스트를 통해 작은 성공과 실패를 반복하며 가설 위에 또 다른 가설을 쌓을 때, 우리는 점점 정답에 더 가까워진다.

처음 이터레이션을 업무에 적용했을 때 나는 이제야 그로스 마케팅을 제대로 하는 것 같고, 이 과정이 쿨해 보이기까지 했다. 가설을 세우고 테스트를 하는 일이 마치 실험실의 과학자가 실험을 하는 것처럼 체계적이고 논리적으로 느껴졌기 때문이다. 하지만 실제로 목표를 달성하기 위해 전략을 세우고 그것을 현실로 만들기 위해 반복하는 이 과정은 결코 쿨하지 않았다. 오히려 하나의 가설을 끝까지 쫓아가며 검증하는 일만으로도 정신이 하나도 없었다. 하나의 성공적인 가설을 찾기 위해 이런저런 시도를 반복하며 정답이 아닌 것들을 지워가는 것, 가끔은 어이없는 헛발 차기로 몇 개월의 시간을 날려먹기도 하는 것이 진짜 이터레이션의 모습이었다. 하지만 동시에 희망적이기도 했다. 이터레이션에는 정답에 가까워질 수 있는 배움과 인사이트만 있을 뿐 실패는 없기 때문이었다.

팀이 테스트를 통해 도달하고자 하는 목표가 뾰족할수록 이터레이션의 힘은 더욱 커진다. 서울 마케팅 팀 역시 달성해야 하는 목표가 크고 분명해질 때면 이터레이션을 더욱 적극적으로 활용한다. 특히 1년 중 가장 큰 매출을 기록하는 1월 프로모션이 대표적이다. 우리는 1월 프로모션을 마치 우리가 지금까지 테스트를 통해 배운 것을 총동원해 대박을 내야 하는 수능처럼 생각하고, 1월이 오기 전 3개월 동안 1월 프로모션을 위한 이터레이션에 집중한다. 1월 프로모션을 성공시키기 위해 우리가 검증해야 하는 가설들을 리스트업 하고, 도장 깨기를 하듯 그 가설을 검증해 나간다. 프로모션의 대상 랜딩 페이지의 구성과 디자인, 혜택과 가격, 구독권의 차이를 보여주는 방식, 버튼에 들어가는 문구까지 모든 것들이 검증의 대상이 된다.

그 과정에서 대부분의 가설은 무의미할 것이고, 어떤 가설들은 차이가 있으나 그 차이가 크지 않을 것이다. 단 몇 가지의 가설만이 유의미한 차이를 만든다. 그러면 그 몇 개의 유의미한 가설을 등대 삼아 또다시 가설을 세우고 검증하는 과정을 반복한다. 그렇게 우리가 전력을 다해 싸워야 할 디데 이가 되면 이렇게 차곡차곡 모인 배움들은 우리의 성공을 보장하는 치트키가 되어 돌아온다.

하지만 많은 일터에서 대부분의 경우 이러한 이터레이션 과정 없이 결전의 날이 닥쳐서야 부랴부랴 기획하고, 그것을 어떻게든 정답으로 만들기 위해 모든 리소스를 투자한다. 그리고 대개 그렇게 진행한 일들은 실패하기 마련이며 조용히 수습된다. 결전의 날은 말 그대로 결전의 날이다. 그날은 지금까지 갈고닦은 실력을 실수 없이 보여주어야 하는 날이지 아무런 준비와 근거도 없이 그저 출전하고 보는 연습 경기가 아니다. 우리가 수능 시험을 준비하기 위해 몇 번의 모의고사를 치르고, 체력을 기르는 것처럼 우리가 하는 일은 언제나 가테시스 사이클의 선상에서 점차 정교해지고 강력해져야 한다.

이터레이션 정신

가테시스 사이클, 그리고 그것을 반복하는 이터레이션은 기본적으로 '더 좋은 최선이 있다는 믿음'을 바탕으로 한다. 그리고 그 최선의 정답은 가장 좋은 가설을 세우거나 똑똑한 사람이 아닌 가장 지독하게 이 과정을 인내하는 자에게 돌아간다. 시간이 얼마가 걸리든 가설 검증에 몇 번 실패하든 상관없이 '나는 최선의 답을 찾아 목표를 더욱 효과적으로 달성하겠노라' 하는 기세를 가진 사람만이 이 과정을 지속할 수 있기 때문이다.

고백하자면 이 글을 쓰고 있는 나 또한 지난 몇 개월간 매달렸던 가설 검증에 모두 실패했다. 애초에 안 될 가설을 오래 붙잡고 있었던 것인지, 가설을 검증하는 방식이 잘 못된 것인지 거듭된 실패에 한동안 패잔병처럼 시무룩한 시간을 보냈다. 아무리 이 과정엔 실패가 없다지만 애쓴 시간들이 결과로 이어지지 못하니 허탈한 마음도 들었다.

하지만 기운을 차리고 실패한 가설들을 복기해 보니 내가 했던 시도들 덕분에 오히려 그다음 단계를 어떻게 해야 할지 명확해졌다. 이번에 실패한 만큼 다음번 시도만큼은 꼭 성공하고 싶은 마음도 커졌다. 한 번의 시도 만에 내 커리어를 바꿀 만한 대박 아이디어를 발굴하는 것은 기적에 가깝다. 내가 할 수 있는 것은 지난 나의 시도들을 하나씩 복기하며 실패 요인을 찾고, 다시 대박의 시그널을 보내는 보석을 찾아 그것이 진짜 대박이 될 때까지 검증을 반복하는 것뿐이다.

제일 중요한 것은 일단 시작하는 것

마지막으로 가장 중요한 것이 있다. 이것은 가테시스 사이클보다, 이터레이션하는 작업보다 중요하다. 바로 시작하는 것이다. 완벽한 가설과 검증 방법을 찾느라 아무것도 하지 않는 것보다 엉성한 가설과 부족한 검증 방식으로라도 일

틀려라, 트일 것이다

단 시작하는 것이 백배 낫다. 테스트하고자 하는 요소 외에 모든 변인을 통제하는 AB 테스트가 어렵다면, 단순히 적용하기 전과 후를 비교하는 비포&애프터 테스트만으로도 엄청난 인사이트를 얻을 수 있다.

테스트라고 하면 뭔가 한 치의 오차가 없어야 할 것 같지만 우리가 하려는 건 세상을 뒤집을 만한 과학 논문을 쓰는 일이 아니다. 우리가 설정한 목표를 달성할 수 있는 최선의 답을 찾는 것, 그뿐이다. '나는 진짜 검증할 가설이 없는데…'라는 생각이 들어도 지금 하는 일을 뒤집으면 그게 곧 새로운 가설이다. 그것을 가설이라 인식하지 못했을 뿐 우리는 모두 가설 위에서 일하고 있다. 또한 가설을 바탕으로 일을 하는 것은 서비스를 기획하는 PO Product Owner나 마케터만 할 수 있는 것이 아니다. 해결하고자 하는 문제가 있고 달성하고자 하는 목표가 있다면 누구라도 가설을 설정하고 이터레이션을 시작할 수 있다.

인사 담당자가 채용 공고를 작성하는 방식도, 언론 담당자가 보도자료를 내는 활동도 결국 그러한 활동과 방식이 각 팀의 목표를 달성하는 데에 도움이 될 것이라는 가설을 바탕으로 하기 때문이다. 내가 하는 일들을 모두 가설화하고 나면 해야 할 일은 영양가 없는 가설을 너무 오래 붙잡고 있지 않도록 빠르게 테스트하는 것, '될 놈'을 찾기 위해 테스트하는 것이다. 결국 시작하는 사람만이 이터레이션도 가능하고 성공도 할 수 있다.

목표가 와닿지 않을 때의
해결책

종종 다른 회사 대표님이나 리더들을 만나면 내게 이런 질문을 던지시곤 한다. "어떻게 해야 팀원들이 목표 달성에 진심이 될 수 있을까요?" 나는 그때마다 이렇게 답한다. "리더들이 목표 달성을 하고 싶은 만큼 우리 팀원들도 목표를 달성하고 싶어 해요." 팀원들이 리더들만큼 그 열정과 책임감을 지속하지 못하는 이유는 목표가 너무 멀게 느껴지거나 자신이 그 목표에 어떻게 기여해야 할지 막막하게 느껴지기 때문이라고 말이다.

팀원들의 목표에 대한 열정을 앗아가는 상황을 예로 들어보자. 팀의 1순위 목표인 매출이 떨어지거나 목표 달성이 불확실한 상황에서 리더들은 흔히 이렇게 말한다. "매출이 떨어졌네요. 달성을 못할 것 같은데 어떡하죠? 어떻게 대응할 건가요?" 팀원 입장에서는 내가 하루아침에 회사의 매출 현황을 반전시킬 수 있을 것 같지 않다. 리더에게도 없는 대응책이 팀원인 나에게 있을 리 없다. 특히 그 목표가 시즈널리티Seasonality(계절적 변동성), 마케팅 채널, 신제품 출시와 같은 다양한 변수들이 모여 만들어내는 상위 목표일수록 그 목표를 한 개인이 핸들링하는 게 점차 어려워진다. 매출이 떨어지는 원인이 다양한 변수 중에 어떤 것 때문인지조차 진단하기 어렵기 때문이다.

그 결과, 팀원들에게 '목표'로 퉁쳐지는 숫자들은 복잡하고 전혀 와닿지 않는 존재가 된다. 예를 들어 유료 광고를 운영하는 페이드 마케터의 경우 정해진 예산을 잘 사용해 유료 광고 채널을 통한 매출을 달성하는 것은 나와 가까운 목표로 느낄 것이다. 하지만 회사의 목표인 '영어 교육 업계 1위'라는 목표는 막연하고 먼 목표로 느껴지는 것이다. 거대한 회사의 목표 앞에서 팀원들은 자신이 하는 일이 팀의 목표에 어떻게든 기여할 것이라는 막연한 기대로 일을 하지만 정작 팀의 목표를 달성하지 못할 때에는 내가 어떤 일을 해야 하는지 막막해져버린다.

목표를 잘게 나누기

거대한 목표를 상대하기 위해서는 목표를 쪼개는 과정이 필요하다. 이는 마라톤에서 42.195킬로미터라는 긴 거리를 완주하기 위해 전체 거리를 10킬로미터 구간, 20킬로미터 구간 등으로 나누고, 그것을 또다시 1킬로미터 구간으로 나눠 페이스를 조절하는 것과 같다. 아무리 거대한 목표일지라도 더 작은 단위로 쪼개다 보면 불확실하게만 느껴졌던 목표가 점점 와닿기 시작한다. 팀의 목표가 100만 원을 버는 것이라면 내가 100만 원 중에 얼마를 벌어와야 하는 것인지, 내가 어떤 행동을 하는지에 따라 목표가 어떻게 변화하는지 그 상관관계를 이해하기 시작하면 드디어 내 목표가 팀의 목표와 연결되기 시작한다. 그러고 나면 내가 팀의 목표를 달성하기 위해 어떤 일을 해야 하는지 스스로 찾을 수 있게 된다.

목표를 쪼개어 접근해야 하는 또 다른 이유는 목표 달성에 문제가 생겼을 때에 빠르게 그 답을 찾아갈 수 있기 때문이다. 건강 검진을 할 때에도 건강이라는 모호한 개념을 혈압 측정, 위장 내시경, 뼈 엑스레이 촬영 등으로 쪼개어 어디에 문제가 생겼는지를 차근차근 찾는 것처럼 매출이라는 목표에 문제가 생겼을 때에도 매출에 영향을 미치는 모든 요소 단위로 쪼개어 살펴봐야 그중에 어떤 부분을 가장 먼저 고쳐야 하는지를 빠르게 파악할 수 있다. 그렇다면 목표는 어떻게 쪼개야 할까? 마라톤에서도, 건강 검진에서도 유의미한 기준을 갖고 세부 구간과 항목을 나눠야만 쪼개는 의미가 있는 것처럼 목표라는 덩어리 역시 어떤 기준으로 어떻게 쪼갤 것인지가 중요하다.

매출 경로에 따라 나누기

목표를 쪼개는 가장 쉬운 방법은 매출이 만들어지는 경로에 따라 목표를 특정 그룹들로 나누는 것이다. 가령 목표가 매출이라면 돈이 나오는 구멍을 따져보는 것이다. 스픽의 경우 돈이 나오는 경로는 크게 두 가지다. 앱 구독을 통한 매출과 웹사이트에서 직접 판매를 통한 매출이다. 앱 구독을 통한 매출은 보다 더 세분해 안드로이드 사용자를 통한 매출과 애플 iOS 사용자를 통한 매출로 나눌 수 있다.

이런 식으로 같은 매출일지라도 그 출처 또는 성격에 따라 나누면 각 그룹의 목표를 달리 설정하고 조절해 나갈 수 있다. 이를테면 전체 매출이 떨어졌을 때 iOS, 안드로이드, 웹

매출 경로에 따른 목표 나누기 예시 1

사이트 중 어떤 매출이 떨어졌는지를 파악하고, 매출 하락의 주요 원인이 되는 채널을 먼저 해결하는 것이다. 꼭 돈을 벌어들이는 채널을 기준으로 나누지 않을 수도 있다. 예를 들어 매출의 성격을 기준으로 나눈다면 프로모션을 통해 발생하는 매출, B2B 영업을 통한 매출, 친구 추천 프로그램(레퍼럴)을 통한 매출 등 고객을 획득한 방식으로도 쪼갤 수 있다.

중요한 것은 상위 목표인 매출을 정확한 매출 경로를 기준으로 쪼갤 수 있어야 한다는 것이다. 또한 그 기준으로

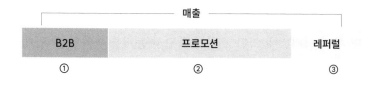

매출 경로에 따른 목표 나누기 예시 2

나눈 매출들의 현황을 확인하면 전체 상위 목표인 매출의 현황을 파악할 수 있어야 한다. 리더 입장에서도 이렇게 최종 목표에 도달하는 경로를 나누면 '전체 매출이 떨어졌으니 매출을 올리자'라는 막연한 구호를 외치는 대신 '친구 추천을 통한 구매(레퍼럴)가 지난달보다 줄었으니 레퍼럴 프로그램을 재정비하자'라는 식으로 보다 구체적인 방향성을 제시할 수 있다. 팀원들도 정확한 문제 진단 위에서 보다 효과적이고 올바른 고민을 할 수 있게 된다.

사용자 타입에 따라 나누기

목표를 나누는 두 번째 방법은 최종 목표가 무엇이든 그 목표를 만들어주는 고객을 기준으로 나누는 것이다. 최종 목표가 매출이라고 가정했을 때 스픽의 매출을 만들어주는 고객들은 다음 페이지의 그림과 같다.

이렇게 목표를 고객 유형별로 쪼개어 트래킹하다 보면 우리 서비스에 어떤 고객이 들고 나는지를 파악할 수 있게 된다. 매출 내역을 사용자 타입을 기준으로 뜯어보니 지난달보다 이번 달에 신규 고객은 더 많이 유치했지만 단골 고객이

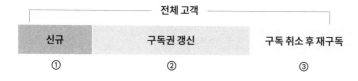

사용자 타입에 따른 목표 나누기 예시

줄어들었다고 치자. 이 경우 단골 고객이 더 자주 방문할 수 있게 하는 전략을 짤 수 있다.

반대로 신규 고객이 줄어든 것이 매출 감소의 원인이라면 신규 고객을 유치하기 위한 전략을 짤 수 있게 된다. 목표를 매출이나 숫자가 아닌 고객 유형으로 접근하는 이 방식은 숫자 뒤에 가려져 있던 고객들이 구체적으로 보인다는 점, 고객 유형별 여정에 맞게 고객 경험도 함께 개선할 수 있다는 것이 장점이다.

마케팅 채널에 따라 나누기

목표를 나누는 마지막 방식은 돈을 벌어오는 채널을 기준으로 목표를 쪼개는 것이다. 이는 상위 목표를 중심으로

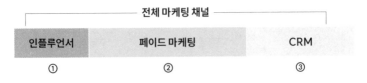

마케팅 채널에 따른 목표 나누기 예시

팀을 운영하기에 가장 효율적인 방식이다. 마케팅 팀의 목표 매출이 1000만 원이라면 '페이드 마케팅을 통해 500만 원, 인플루언서 마케팅을 통해 300만 원, CRM 마케팅을 통해 200만 원의 매출을 올린다' 하는 식으로 그 목표를 마케팅의 예산과 예상 퍼포먼스를 기준으로 나누는 것이다.

대부분의 경우 마케팅 팀의 업무는 마케팅 채널(페이드, 인플루언서, 기업 인스타 계정과 같은 온드 미디어 등)에 따라 팀원들의 역할이 나뉘기 때문에 이 방식은 목표와 책임을 동시에 나누기에 적합하다. 목표를 달성하지 못했을 때에는 어떤 채널이 목표 대비 달성을 못했는지 빠르게 파악할 수 있고, 대응책과 담당자가 비교적 명확해 많은 팀이 이 방식을 선호한다.

하지만 이렇게 채널을 기준으로 목표를 나눌 경우 채널 간의 시너지나 각 채널별 고객의 특성이 마케팅에 온전히

틀려라, 트일 것이다 |||

반영되지 못한다는 한계를 갖는다. 각 마케팅 채널별로 목표 매출을 각각 나눈다고 해도 개인 정보 이슈와 기여 인정 모델의 한계로 인해 각 채널별 매출 기여도나 각 채널을 통해 획득한 고객의 정보를 완벽하게 측정하기 어렵기 때문이다. 그렇기 때문에 팀의 목표를 마케팅 채널을 기준으로 나눌 때에는 마케팅 채널로만 접근하는 것에서 한 단계 나아가 우리가 어떤 고객을 어떤 채널로 데려오고 있는지, 그 채널이 해당 고객을 획득하기 위해 가장 효과적인 채널인지에 대한 검증이 함께 필요하다.

모르는 것을 예측해야 할 때의 해결책

　목표 쪼개기를 마쳤다면 목푯값을 설정하는 것은 더욱 쉬워진다. 쪼개진 목표마다의 목푯값을 설정하고 그것을 합치면 되기 때문이다. 만약 목표를 매출 유입 경로를 기준으로 세웠다면 iOS, 안드로이드, 웹사이트 등과 같은 채널별로 달성해야 할 목표를 세우는 것이다. 하지만 어떤 기준으로 목표를 쪼개든 반드시 막히는 순간이 있다. 그 값이 어떠할지 내가 미리 알 수 없을 때가 그렇다.

　목표를 설정하는 것은 미래의 값을 예측하는 것인데 예측은 어디까지나 예측이라서 그 값을 장담할 수 없기 때문이다. 기존에 꾸준히 데이터를 쌓아왔거나 우리가 직접 데이터를 정확하게 추적할 수 있다면 그것을 기준으로 앞으로의 목표 역시 예측할 수 있다. 하지만 지금까지 한 번도 시도해 보지 않았거나, 개인 정보 이슈로 데이터가 아예 트래킹되지 않는 경우에는 예측조차 할 수 없게 된다.

처음엔 나도 처음 해보는 일에 대해 예측해서 목표를 설정하고, 그 목표에 대한 책임감을 가져야 하는 방식이 억울하기도 했다. '내가 무당도 아니고, 어떻게 미래를 예측해서 목표를 세운단 말인가'라는 마음도 들었다. 그렇다고 손을 놓고 있을 수는 없었다. 처음 시도하는 일은 계속 생겨날 것이고, 정확한 정답은 아닐지라도 내가 길을 잃지 않기 위해서는 어설픈 이정표라도 필요했다. 나는 누구도 알 수 없는 것들을 불확실성으로 두지 않고 불확실성 위에 확실성을 더하는 방식을 터득해야 했다.

가정과 추정만이 미래로 나아가게 한다

해보지 않은 일이나 모르는 값에 대해 예측해야 할 때, 꼭 기억해야 할 것은 가정Assumption과 추정Estimation 없이는 한 발자국도 움직이지 못한다는 것이다. 영어로 'Assume(가정하다)'은 증거나 검증 없이 어떤 것을 사실로 받아들이는 것을 의미한다. 한편 'Estimate(추정하다)'는 사용 가능한 정보나 증거를 바탕으로 가치, 수량 또는 범위에 대해 대략적인 계산이나 판단을 내리는 것을 의미한다. 예를 들어 지하철이나 버스 정류장에서 볼 수 있는 옥외광고의 효과나 TV CF의 효과처럼 측정하기 어려울 때에는 근거가 되어줄 수 있는 데이터를 기준으로 결과를 '추정'해보는 것이다. 또는 해보지 않아 아직 근거가 없는 부분에 대해서는 그러할 것이라고 미리 '가정'하는 것이다.

　측정할 수 없는 값을 측정할 수 있는 방법을 알려줘도 모자랄 판에 추정과 가정을 사용하라니 실망스러운 마음이 들지도 모르겠다. 하지만 우리는 근거를 바탕으로 최선의 의사 결정을 하는 마케터이고 기획자이고 리더이지 미래 예측가가 아니다. 우리가 예측하고자 하는 것들 중에는 분명 측정할 수 없고 '느낌적인 느낌'만 존재하는 일들이 분명 있다. 측정할 수 없는 것들을 측정할 수 있도록 하는 것도 물론 중요하다. 하지만 지금 우리에게 가장 중요한 것은 최소한의 근거를 가지고 일이 되게 하는 것이다.

　그렇다고 해서 밑도 끝도 없는 가정과 추정을 바탕으로 일을 벌여서는 안 된다. 올바른 데이터와 정보 위에 올바른 가정과 추정을 쌓았을 때, 그것이 가정과 추정에만 머무르지 않고 현실로 이어지기 때문이다. 탄탄한 가정과 추정 위에 세워진 목표는 기적의 계산법과 긍정의 힘으로 세운 목표보다 견고하다. 가정과 추정도 반복하다 보면 점차 예측과 실제 사이의 오차도 줄어들게 된다. 실제로 스픽 역시 처음엔 예측 매출과 실제 매출 사이에 오차가 10퍼센트 넘게 났지만 이제는 거의 10달러 단위까지 정확하게 예측하는 수준에 이르렀다. 이쯤 되면 해보지 않았거나 측정하기 어려운 것들은 가정과 추정을 사용해 예측한다는 것은 이해했는데, 그래서 그 예측을 어떻게 하라는 것인지 궁금할 것 같다. 이제부터 그 방법을 알아보자.

가정과 추정을 토대로 시나리오 세우는 법

기존 데이터를 바탕으로 모르는 값에 대해 추정할 때, 가장 쉽게 사용할 수 있는 방법은 시나리오를 세우는 것이다. 시나리오는 어떤 사건에서 빚어질 수 있는 가상의 여러 가지 경우의 수로 여러 가지 가설 위에서 다양한 추정값을 세워보는 것이다. 예를 들어 개인 정보 이슈 때문에 iOS를 통한 매

iOS 전환율이 AND보다	시나리오	Android 전환율	Android ROAS	iOS 전환율	iOS ROAS
똑같을 때 ◀	시나리오 1	5.00%	200.00%	5.00%	200.00%
1.6배 좋을 때 ◀	시나리오 2	5.00%	200.00%	8.00%	320.00%
2배 좋을 때 ◀	시나리오 3	5.00%	200.00%	10.00%	400.00%

모르는 지표가 있을 때 시나리오 작성법 예시

출을 예측하기 어려울 때에는 비교적 측정이 가능한 안드로이드 유저의 데이터를 기준으로 그 값을 추정해 볼 수 있다. iOS 전환율이 안드로이드 전환율과 완전히 동일하지는 않을 것이므로 iOS 전환율이 안드로이드보다 전환율이 20퍼센트 높을 때, 동일할 때, 20퍼센트 낮을 때 이렇게 세 가지의 시나리오를 세워볼 수 있다.

여기에서는 시나리오를 세 가지만 세웠지만, 경우에 따라 시나리오는 얼마든지 늘어날 수 있다. 시나리오를 세우다 보면 가장 최악의 시나리오부터 최적의 시나리오까지 다양한 시나리오가 만들어진다. 그다음으로 우리가 해야 할 일은 그 범위 안에서 우리가 목표로 삼을 만한 시나리오를 선택하는 것이다. 여러 가지의 시나리오 중에서 가장 도전적인 목표, 가장 현실적인 목표, 보수적인 목표 등 여러 가지 목표를 설정할 수 있다.

　　시나리오 세우기를 실제 업무에 적용한 사례를 몇 가지 더 들어보자. 지난 5월, 우리는 챌린지와 함께하는 한 달 구독권 상품을 론칭하고 싶었다. 그동안은 연간 구독권 상품을 주로 판매했기에 한 달 구독권에 대한 데이터는 없는 상태였다. 하지만 근거가 부족하다고 해서 영원히 새로운 시도를 안 할 수는 없었다. 우리는 먼저 챌린지 상품의 구매 여정을 설계하고 우리가 기준으로 삼을 수 있는 과거 데이터를 찾기 시작했다.

　　그리고 알림 신청 이후 한 달 챌린지를 구매하는 전환율과 한 달 챌린지 구독 후 연간 구독권을 구매하는 전환율을 과거 벤치마크 지표(20%)보다 더 높을 때와 낮을 때를 기준

벤치 마크 구매율보다	알림 신청자 수	알림 신청당 단가	연간 구독권 구매율	연간 구독권 판매 수	최종 매출	최종 ROAS
낮을 때 ◀	1368	$6.68	15.00%	21	$9,105.13	1.00
같을 때 ◀			20.00%	27	$10,190.61	1.12
높을 때 ◀			30.00%	41	$12,361.57	1.35

한 달 챌린지 상품 시나리오

으로 시나리오를 세웠다. 그 결과, 이 상품을 론칭했을 때 우리가 기대할 수 있는 수익과 효율의 범위를 알 수 있었고, 이 시나리오를 바탕으로 각 단계별 목표 전환율을 설정했다. 한 달 챌린지 상품을 론칭한 이후에는 실제 전환율과 시나리오에서 예측했던 전환율을 비교하여 이후 한 달 챌린지 상품에 대한 벤치마크를 새롭게 설정할 수 있었다.

　두 번째 예시로 스픽이 처음 브랜드 캠페인을 진행했을 때 디지털 브랜드 캠페인의 예산을 확정하기 위해 세웠던 시나리오를 살펴보자. 브랜드 캠페인을 진행하면 모델이 출연한 광고가 TV로도 송출되지만, 유튜브나 네이버, 메타와 같은 디지털 매체에도 광고 영상을 송출하게 된다. 문제는 고객이 스픽의 광고 영상을 시청하는 것에 목적을 둔 브랜드 캠페인들의 경우 이를 통해 바로 매출이 발생하기 어렵다는 점이다. 그래서 우리는 브랜드 캠페인 영상을 통해 바로 매출이 발생하지 않더라도 해당 브랜드 영상이 브랜드 캠페인과 동시에 운영되는 다른 유료 광고 캠페인의 매출에 긍정적인 영향을 미칠 것이라는 가정을 하고 시나리오를 작성했다.

　전체 마케팅 예산의 10퍼센트, 20퍼센트, 30퍼센트를 브랜드 영상에 사용하고, 브랜드 영상이 전환 캠페인의 효율을 10퍼센트, 20퍼센트, 30퍼센트 개선하거나 혹은 아예 긍

시나리오	브랜드 예산 %	브랜드 예산	ROAS 개선 %	기대 ROAS	기대 매출	전체 ROAS
	10.00%	$10,000	0.00%	300%	$270,000	2.70
Worst	20.00%	$20,000	0.00%	300%	$240,000	2.40
	30.00%	$30,000	0.00%	300%	$210,000	2.10
	40.00%	$40,000	0.00%	300%	$180,000	1.80
	10.00%	$10,000	10.00%	330%	$297,000	2.97
Realistic	22.16%	$472,615	10.00%	330%	$5,478,723	2.57
	30.00%	$30,000	10.00%	330%	$231,000	2.31
	40.00%	$40,000	10.00%	330%	$198,000	1.98
	10.00%	$10,000	20.00%	360%	$324,000	3.24
ideal	22.16%	$472,615	20.00%	360%	$5,976,788	2.80
	30.00%	$30,000	20.00%	360%	$252,000	2.52
	40.00%	$40,000	20.00%	360%	$216,000	2.16
	10.00%	$10,000	30.00%	390%	$351,000	3.51
Ambitious goal	22.16%	$472,615	30.00%	390%	$6,474,854	3.04

브랜드 캠페인 믹스 시나리오

정적인 효과가 없을 때를 가정해 시나리오를 만든 것이다. 그 결과, 최악의 시나리오로 우리가 전체 예산의 30퍼센트를 브랜드 영상에 투자했는데 다른 전환 캠페인의 효율(ROAS)이 하나도 개선되지 안 되더라도 돈을 잃지는 않을 것이라는 확신을 얻을 수 있었다. 그리고 이 시나리오를 바탕으로 브랜드 캠페인의 디지털 예산을 1차적으로 확정하고 캠페인 론칭 이후 실제 값과 비교하며 최종 예산을 결정할 수 있었다.

여기서 중요한 것은 시나리오 세우기는 미래의 실제 값과 일치하는 하나의 값을 구하는 수학 시험이 아니라는 것이다. 우리가 시나리오 세우기를 하는 목적은 지금 알 수 없는 영역에 최소한의 근거를 마련하고 그 근거를 바탕으로 앞으로 나아가기 위함이다. 시나리오 세우기의 또 다른 장점은 실패를 하더라도 시나리오를 잘 세웠다면 예측한 범위 안에서 실패를 할 수 있다는 점이다. 새로운 시도를 하다가도 내가 생각한 최악의 시나리오대로 흘러가는 것 같다면, 방향을 수정하거나 더 많은 돈을 쓰기 전에 프로젝트를 중단시킬 수 있다.

이렇게 잘 짜인 시나리오는 우리가 지금까지 해보지 않은 일이나 알지 못하는 영역으로 나아갈 수 있는 근거와 가능성을 열어줄 뿐 아니라 우리가 뛰어놀 수 있는 바운더리 Boundary(경계)를 정해주는 역할을 한다. 그 바운더리 안에서 최대한 다양한 시나리오를 세우고 가정과 추론으로만 존재했던 값들을 실제 값으로 하나씩 채워갈 때, 우리는 안전한 실패와 위대한 도전을 동시에 쌓아갈 수 있다.

하나의 값으로 딱 떨어지는 목푯값을 설정해야 한다

는 생각, 그 값에는 오차도 오류도 없어야 한다는 강박은 내려놓자. 다양한 시나리오를 세워두고 우리의 플래닝이 최적의 시나리오를 따라가지 않는다면 방향을 조정하거나 전략을 수정하면 그만이다. 모로 가도 서울만 가면 되는 것처럼 어떤 시나리오를 통해서든 우리의 목적지에만 도착하면 된다. 불확실성을 확실성으로 바꾸기 위해 여러 가지 가설 위에서 시나리오를 세우는 것은 목표를 세우는 것만큼이나 중요하지만, 시나리오 세우기 역시 목표에 도달하기 위한 도구에 불과하다는 사실을 잊지 말자.

눈에 보이지 않는 것을
측정해야 할 때의 해결책

마지막으로 대세감, 인지도와 같이 벤치마크 지표도 없고 눈에 보이지 않는 개념들을 측정해야 할 때 쓸 수 있는 방법에 대해 알아보자. 눈에 보이지 않는 이유는 크게 두 가지이다. 번호표 매기듯 숫자적인 지표로 측정할 수 없거나 지표 형태로 드러나기까지 많은 시간이 걸리는 지표일 때, 우리는 지표가 보이지 않는다고 느낀다. 하지만 지표는 우리의 항해를 이어갈 수 있게 해주는 북극성이다. 눈에 보이지 않는다고 해서 눈 감고 수영하듯 일을 할 수는 없다. 눈에 보이지 않는 것들을 눈에 보이게 만드는 마법 같은 솔루션은 없지만, 우리는 언제나 그랬듯 정답에 더 가까워질 수 있다.

믿음만으로 할 수 있는 캠페인은 없다

눈에 보이지 않는 지표를 목표로 하는 캠페인으로는 대표적으로 브랜드 캠페인이 있다. TV나 라디오와 같은 전통 매체를 활용하는 ATL Above the line 캠페인은 많은 스타트업이 초기 시장에서 대중 시장으로 나아가고자 할 때 시도하는 캠페인이다. 스픽이 2024년 이효리 님과 협업했던 캠페인이 대표적인 ATL 캠페인에 속한다. ATL 캠페인은 흔히 연예인을 모델로 선정하고 TV에 광고를 송출하는 캠페인이다 보니 마케터가 집행할 수 있는 캠페인 중에서 가장 비싼 캠페인에 속한다.

문제는 브랜드 캠페인의 경우 바로 직접 전환이 일어나지 않고, 광고가 노출되는 매체가 TV 또는 라디오, 옥외광고이다 보니 그 구매 효과를 정확하게 측정할 수 없다는 것이다. TV에서 광고를 봤다고 해서 바로 구매 결심을 하지 않을뿐더러 그 사람이 나중에 온라인에서 구매를 하더라도 서비스 입장에서 이 사람이 광고를 본 사람인지 안 본 사람인지 구분하기 어렵기 때문이다. 결국 이런 측정의 어려움 때문에 기업들은 가장 확실성이 낮은 매체에 한 번도 써보지 못한 큰 금액을 믿음만 가지고 베팅하게 된다. 그리고 브랜드 캠페인을 준비하는 내내 '그래서 브랜드 캠페인을 하면 매출이 오를지'에 대해 전전긍긍하게 된다.

한편 브랜드 인지도나 1년 뒤에 고객이 다시 상품을 구매할 확률인 리텐션 지표처럼 그 지표가 실제 숫자로 측정될 때까지 너무 오랜 시간이 걸릴 때에도 우리는 지표가 눈에 보이지 않는다고 느낀다. 지금 당장 어떤 액션을 한 뒤에 지표라는 실체로 피드백을 받기까지의 시간이 너무 오래 걸린다면, 아이디어를 검증하는 이터레이션의 주기가 길어질 수밖에 없다. 그렇다 보니 팀원들은 '지금의 내가 하는 이 액션이 장기적으로는 지표에 도움이 되겠거니' 하는 믿음으로 일을 할 수밖에 없게 된다.

지표로 나타나기까지 오랜 시간이 걸리는 지표 외에도 구매나 재구매처럼 고객 여정 중에서도 가장 오랜 시간이 걸리는 액션을 목표로 하다 보면 팀원들은 구매가 바로 발생하지 않을 것 같은 일들은 피하게 된다. 자연스레 브랜드 팝업이나 브랜드 콜라보레이션 작업 같은 새로운 프로젝트는 영원히 할 수 없게 된다.

상관관계가 높은 선행 지표를 찾아라

그렇다면 측정이 어렵거나 손에 잡히지 않는 지표를 목표로 해야 할 때는 어떻게 해야 할까? 그럴 땐 브랜드 인지도, 매출과 같은 최종 목표 지표에서 벗어나 최종 목표와 가장 상관관계가 높은 지표를 찾는 것이 도움이 된다. 이를테면 연예인과 함께하는 브랜드 캠페인의 성공 여부를 매출로 측정하거나 브랜드 인지도를 수치화하는 게 어렵다면, 브랜드 캠페인이 성공적일 경우 높은 상관관계로 함께 개선됐을 지표들을 찾아보는 것이다.

가령 브랜드 캠페인을 통해 스픽의 브랜드 인지도가 개선됐다면, 그것이 바로 매출로 이어지진 않았더라도 네이버에 스픽을 검색해본 사람들이 늘어날 것이다. 이는 네이버가 제공하는 데이터랩 기능을 통해 '스픽'이라는 키워드의 서치 쿼리수를 통해 확인할 수 있다. 또 앱스토어나 플레이스토어에서 스픽 앱을 찾아보는 수도 늘어날 것이다. 페이드 마케팅 측면에서는 기존 광고로는 도달하지 못했던 새로운 고객에게 브랜드 캠페인의 영상을 통해 도달할 수도 있고, 이에 따라 기존 광고 채널을 통하지 않고 직접 구매하는 오가닉 매출이 함께 늘어날 것이다.

이처럼 우리가 목표로 하는 최종 목표와 상관관계가 높을 것으로 추정되는 지표들을 나열하고 실제로 우리가 액션을 했을 때 이 지표들에 유의미한 변화가 있는지를 추적하다 보면 최종 지표와 상관관계가 높은 선행 지표를 찾을 수 있다. 그렇게 상관관계가 높은 지표들을 추려 대시보드를 만들어 그것들을 추적하는 것만으로도 의사 결정은 훨씬 쉬워진다.

이런 수치들이 너무 상관관계에만 의존하는 것 같다면 고객들에게 직접 물어보는 방법도 있다. 고객이 구매를 하는 순간 설문지를 발송해 어떤 채널을 통해 구매를 하게 됐는지, 스픽의 광고를 TV나 옥외광고에서 본 적이 있는지 없는지를 물어보는 것이다. 이 방식은 100퍼센트의 유저가 답을 해주진 않더라도 브랜드 캠페인이 구매에 얼마나 영향을 미쳤는지를 유저를 통해 직접 들을 수 있는 유일한 방식이기도 해서 스픽은 꾸준히 유입 경로 조사를 통해 TV, 옥외광고와 같은 트래킹이 어려운 매체들의 영향력을 판단해 오고 있다.

최종 목표로 삼는 지표와 높은 상관관계를 가진 지표를 찾는 것은 지표가 숫자로 나타나기까지 오랜 시간이 걸리는 경우에도 유효하다. 스픽의 경우 연간 구독권을 주력으로 판매하다 보니 1년 뒤 재구매하는 1년 리텐션이 가장 중요한 서비스다. 문제는 1년 리텐션이 우리가 목표로 하는 최종 지표는 맞지만 그 결과가 1년 뒤에나 나온다는 점이다. 프로덕트 팀에서는 구매 후 7일에서 10일 사이의 리텐션 지표가 1년 리텐션과 가장 높은 상관관계를 보이는 것을 발견했고, 이 지표의 개선을 목표로 다양한 기능들이 만들어졌다.

마케팅 팀 역시 구매만 바라보며 마케팅을 하는 시기를 지나 점차 선행 지표를 찾기 시작했다. 고객이 스픽을 인지하고 구매를 하는 여정에 있어 구매 이전에 어떤 경험을 하는 것이 구매에 가장 핵심적인 역할을 하는지 찾기 시작한 것이다. 핵심 경험은 앱을 다운로드 하고 수업을 끝까지 마치는 경험이 될 수도 있고, 스픽 튜터와 같은 특정 기능을 사용하는 것일 수도 있다. 그것이 무엇이든 핵심 경험을 찾고 나면 마케팅 팀은 고객의 핵심 경험을 선행 지표로 캠페인을 기획할 수 있다. 올바른 선행 지표를 찾고 그 선행 지표가 개선되면, 최종 목표인 구매는 자연스럽게 늘어나게 된다.

구매라는 과녁이 운동장 끝에 서 있는 먼 과녁이라면, 상관관계가 높은 선행 지표는 육안으로 볼 수 있는 거리에 있는 가까운 과녁이다. 보이지도 않는 목표가 아니라 눈에 보이는 목표, 손에 잡힐 것 같은 목표를 좇을 때 우리는 더 빠르게 성장할 수 있다. 액션과 지표 확인, 그리고 피드백 사이의 간격이 줄어들면 이터레이션 속도가 빨라지고, 그게 거듭될수록 우리의 마케팅 전략과 액션도 함께 최적화되기 때문이다.

세상에는 숫자로 표현되지 않아서, 혹은 너무 멀리 있어서 측정할 수 없는 지표들이 존재한다. 하지만 모든 것에는 인과 관계가 있어서 측정할 수는 없어도 그것의 흐름을 반영하는 지표는 반드시 존재한다. 하지만 우리는 종종 측정하기 어렵다는 이유로 어떤 근거나 분석 없이 오직 잘될 것이라는 믿음만으로 일을 진행하거나 측정할 수 없는 것들에 과도한 스트레스를 받는다.

물론 불확실한 것을 조금이라도 확실하게 만들기 위해 우리가 믿고 갈 최소한의 근거는 필요하다. 하지만 동시에 완벽하게 검증되어 100퍼센트 확신할 수 있어야만 움직인다면 새로운 시도는 영영 할 수 없게 될 것이다. 우리가 걷고 있는 이 길은 이전에 가보지 않은 길, 누구도 시도하지 않았던 길이다. 그런 길에서 우리가 할 수 있는 최선은 불확실성을 하나씩 확실성으로 바꿔나가는 것 아닐까?

그 과정은 두렵기도 막막하기도 하지만 눈에 보이지 않는 것들을 보이게 하기 위한 시도와 결과가 쌓이면 그것은 다음 사람을 위한 길이 되기도 한다. 무엇보다 확실한 것만 하기에도 벅찬 일터에서 수많은 이터레이션을 반복하고 가정과 추론 시나리오까지 써가며 획득한 확실성이야말로 누구도 빼앗아갈 수 없는 단단한 자존감이 되어줄 것이다.

**Low-ego Professionalism
Development Key 3** ❯

———— ——— ————

Visibility

가시성

일 잘하는 팀은
가시성이 높다

나에게는 일을 잘하는 사람, 흔히 '일잘러'라 불리는 사람은 어떤 사람인지 정의해둔 '나만의 일잘러 사전'이 있다. 자신이 하는 일에 끊임없이 피드백을 받는 사람, 자신의 의견과 함께 명확한 방향성을 제시하는 사람, 일이 되게 하는 것에 진심이고 적극성을 지닌 사람 등등 내가 어떤 사람을 만나는지, 또 어떤 조직에서 일하느냐에 따라 일잘러의 정의는 달라진다. 스픽에 합류한 이후에도 일잘러에 대한 정의는 새롭게 생겨나고 사라지고를 반복했지만, 그중에 단 한 번도 바뀌지 않은 것이 하나 있다. 비저빌리티가 높은 사람이 곧 일잘러라는 것이다.

비저빌리티Visibility란 눈에 잘 보이는 정도, 즉 가시성 可視性을 의미한다. 비저빌리티라는 단어는 내가 공부해서 알게 된 단어가 아니라 스픽에서 일하며 너무 자주 듣고 자주 말하게 되어 그 의미를 상황과 맥락으로 터득한 단어다. 비즈니스 상황에서의 비저빌리티는 크게 두 가지 정도의 의미가 있는 것 같다. 하나는 내가 추진한 어떤 프로젝트나 일이 회사에 미치는 영향력이 크거나 상위 리더가 관심을 가질 만한 일일 때 '이 프로젝트는 비저빌리티가 높다'라고 표현한다.

두 번째는 일이 어떻게 진행되고 있는지 그 프로세스를 다른 사람들이 한눈에 파악하기 쉬울 때에도 '비저빌리티가 높다'라고 표현한다. 스픽에서의 비저빌리티는 대부분 두 번째 의미로 사용된다. 물론 스픽도 처음부터 비저빌리티가 높았던 것은 아니다. 몇 년간 한국이 유일한 지사이다 보니 특별히 가시성을 높이기 위해 노력하지 않아도 내가 하는 일과 성과들이 쉽게 본사에 공유될 수 있었다. 하지만 이후 스픽이 40개국에 진출하고 점차 일본, 대만 등에 지사가 생기면서 비저빌리티는 우리가 해결해야 하는 1순위 과제가 됐다. 우리는 점차 다양한 툴과 미팅, 문화 등을 도입하며 일의 가시성을 높이는 데 전력을 다해야만 했다.

업무의 가시성은 기준의 통일에서부터

일을 하다 보면 모두가 각자 바쁘게 일하고 있는 것 같은데 무슨 일을 하는지, 무엇 때문에 바쁜지 모르겠는 순간이 있다. 분명 플래닝을 할 때까지만 해도 모든 것이 명확했는데 우리가 세운 목표는 달성되고 있는 것인지, 우리가 계획한 일들이 모두 어떻게 흘러가고 있는지 모를 때, 모든 일들이 산발적으로 일어나 어디서부터 어떻게 파악을 해야 할지 모를 때, 우리는 우왕좌왕한다. 우리가 앞서 배운, 목표를 세우고 전략을 세우고 이를 바탕으로 이터레이션을 반복하는 워크 프레임이 정상적으로 작동하려면 먼저 팀의 비저빌리티가 확보되어야 한다.

팀의 비저빌리티는 팀원 모두가 같은 기준을 가지고 바라볼 때 생긴다. 누군가는 네이버 맵이 존재도 하지 않았던 2000년대의 지도를 보고 있고, 누군가는 최신 버전의 네이버 맵을 보고 있다면 우리가 현재 어디에 위치하는지 앞으로 어디로 나아가야 하는지 명확히 볼 수 없다. 팀의 비저빌리티를 높이기로 마음먹었다면 가장 먼저 해야 할 일은 팀원 모두가 바라보는 지도를 하나로 통일하는 것이다. 이는 마치 모든 데이터의 출처가 되는 단 하나의 소스를 칭하는 '싱글 소스오브 트루스Single Source of Truth, SSOT'와 같은 개념으로 팀원들이 일을 할 때에 기준이 될 하나의 소스를 정하는 것이다.

이 과정은 팀이 목표와 달성도를 확인하는데 기준이 되는 대시보드를 만드는 일일 수도 있고, 팀 내에서 산발적으로 사용하고 있는 용어를 정리하고 유저에 대한 정의를 통일하는 일일 수도 있다. 비저빌리티를 높이는 과정에서 첫 단추가 되는 이 작업은 각 나라의 언어를 단 하나의 공용어로 통일하는 것만큼이나 복잡하고 시간이 오래 걸린다. 하지만 이 작업을 거쳐야만 우리는 같은 지도 위에서 항해를 이어갈 수 있다.

가시성으로 완성되는 프레임워크

내가 아무리 많은 테스트를 하고 근사한 전략을 세우더라도 그것이 나만 아는 전략이고 나에게만 남는 배움이라면 그것은 개인의 일기에 지나지 않는다. 물론 내가 하는 모든 일의 비저빌리티를 높일 필요는 없다. 하지만 스픽에는 비저빌리티를 포기해서는 안 되는 두 가지 영역이 있다. 바로 목표 달성과 내가 한 일에 대한 비저빌리티다.

목표 달성에 있어서는 대표부터 재무 담당자, 팀원까지 누가 언제 보더라도 우리가 지금 어디까지 왔고, 목표 대비 얼마나 왔는지 한눈에 파악할 수 있어야 한다. 스픽에는 '목표 vs. LTV'라는 대시보드가 있다. 이를 통해 국가 또는 마케팅 채널별로 현재까지 달성한 LTV 수치와 목표 달성율을 확인할 수 있다. 단순히 목표 달성율뿐만 아니라 목표 달성에 영향을 주는 모든 요인의 현황이 하나의 대시보드에 정리되어 있다. 덕분에 담당자들은 목표 달성 현황을 확인하고, 어떤 부분에서 현재 개선이 필요한지를 빠르게 찾아 대응할 수 있다. 모든 의사 결정과 목표 달성 여부가 이 대시보드를 기준으로 결정되기 때문에 이 대시보드는 회사에서 가장 많은 사람이 들여다보는 대시보드 중 하나다.

현재 내가 하고 있는 일들, 그리고 내가 했던 일들에 대한 리뷰 역시 비저빌리티를 높여야 한다. 이를 위해서는 노션과 같은 툴을 활용한다. 내가 하는 일과 그 결과는 분기 초에 세웠던 플래닝에서 이어지기 때문에 문서의 형식은 플래닝 문서의 형식을 따른다. (자세한 템플릿은 4장에서 확인할 수 있다.) 결국 내가 한 일의 비저빌리티를 높이는 문서의 역할은 플래닝 단계에서 세웠던 전략들을 우리가 잘 수행하고 있는지, 수행되지 못하고 있다면 그 이유는 무엇인지까지 가시성을 높이는 역할을 한다. 결국 목표와 전략을 설정하는 플래 닝 단계, 전략에서 세운 가설들을 검증하며 답을 찾는 이터레 이션 단계, 이터레이션을 통해 얻게 된 결과에 대한 리뷰까지 하나의 큰 프레임워크로 완성되는 것이다.

가시성이 확보되면 따라오는 놀라운 혜택

처음엔 내가 하는 일과 성과들을 모두 문서화하는 것 이 귀찮기도 하고, 무엇보다 내가 이런 결과를 얻었음을 팀에 알리는 것이 자기 어필을 하는 것 같아 꺼려졌다. 하지만 팀 에 '나'의 비저빌리티를 높이는 것이 아니라 '내가 하는 일'의 비저빌리티를 높이는 것은 자기 어필 이상의 의미가 있다. 일 의 비저빌리티가 높아지는 만큼 내 시간과 리소스를 아낄 수 있기 때문이다.

일례로 AB 테스트 문서는 스픽에서 가장 인기가 많은 문서 중 하나다. AB 테스트는 한 그룹에게는 A안을 보여주고 다른 그룹에게는 B안을 보여주어 어떤 안이 좋은지를 따지는 테스트로 가장 직관적인 결과를 얻을 수 있는 반면, 유의미 한 결과를 얻기까지 최소 2주의 시간이 걸린다. 하지만 만약 내가 테스트하고자 했던 가설을 다른 국가나 다른 팀에서 이미 진행했다면, 그리고 그것의 가시성을 위해 문서화해 두었다면, 나는 같은 실험을 반복할 필요 없이 그 문서로 테스트를 진행한 것과 같은 결과를 얻을 수 있다. 반대로 내가 했던 시도와 그 결과들을 기록해 둔다면 다른 팀 역시 귀한 시간과 리소스를 아낄 수 있다.

　무엇보다 일의 비저빌리티를 높이는 것의 가장 큰 장점은 그 과정에서 자연스럽게 나의 비저빌리티가 높아진다는 것이다. 팀 내에서 나의 능력을 증명하고 내 성과를 어필하기 위해 별도의 시간과 에너지를 쏟지 않아도 내가 했던 일들과 내가 쌓은 배움들이 나를 증명해준다. 리더의 입장에서도 대시보드, 문서, 리뷰 문화 등을 통해 팀의 가시성을 높여두면 팀원을 매니징하는 것도 훨씬 쉬워진다. 팀원 한 명 한 명을 붙잡고 요즘 어떤 일을 하는지, 그 일은 어떻게 됐는지 묻지 않아도 되고, 연봉 협상을 위한 퍼포먼스 평가도 너도 알고 나도 아는 기준 위에서 진행된다.

　반면에 일의 비저빌리티가 떨어지면 팀원이 분명 야근도 많이 하고 바빠 보이는데 왜 바쁜지 모르겠고, 저 사람이 하기로 했던 일이 결국엔 어떻게 됐는지 명확히 알지 못한 채 흐지부지되어버리고 만다. 목표와 역할에 대한 잘못된 기대치 세팅, 팀원의 퍼포먼스에 대한 동상이몽, 오해와 불신 등과 같이 팀에서 발생하는 많은 문제들 역시 비저빌리티를 높이는 것만으로도 해결되기 시작한다.

시간과 리소스의 절약, 자기 어필, 팀을 잘 매니징하게 되는 것, 이 모든 것은 팀의 비저빌리티를 높였을 때 따라오는 부수적인 혜택에 불과하다. 우리가 원하는 것은 결국 비저빌리티를 높여 일이 되게 하는 것, 문제를 해결하고 목표를 달성하는 것이다. 보이지 않는 목표는 쫓을 수 없고, 혼자만의 힘으로는 앞으로 나아갈 수 없다. 산에서 길을 잃었을 때 누군가 나무에 묶어둔 리본을 따라 길을 찾을 수 있는 것처럼 누군가 만들어둔 대시보드와 문서를 따라 목표에 도달했을 때 비저빌리티의 힘을 직접 느낄 수 있다.

그 힘을 설명하기 위해서는 단순히 대시보드를 만들고, 문서를 만들라는 말만으로는 부족하다. 이제는 조금 더 깊숙이 들어가보자. 비저빌리티를 높이기 위해 사용되는 대시보드와 문서들은 어떻게 작성되어야 하며, 그 문서는 실제 업무에서 어떻게 활용될까? 이에 대해서는 다음 장에서 알아보자.

가시성을 높이는 툴, 대시보드

팀의 비저빌리티를 높일 수 있는 방식은 많지만, 그중에서 가장 확실한 것은 대시보드를 만드는 것이다. 대시보드는 비즈니스의 핵심 지표나 서비스 사용성에 대한 추이를 확인할 수 있는 하나의 화면으로 흩어져 있는 정보들을 한눈에 보기 쉽도록 시각화한 것이다. 대시보드는 본래 자동차나 비행기를 운전할 때 속도와 남은 연료량을 알려주는 계기판을 의미한다. 그 의미가 현대에 와서는 비즈니스가 잘 운영되고 있는지, 위험에 빠지진 않았는지를 실시간으로 알려주는 역할을 하는 문서를 가리키는 말로 확장됐다.

매출이나 판매 건수 같은 지표들이 그저 지표로만 존

재하는 상태에서는 매출이 어제보다 늘었는지 줄었는지에 대한 어떤 해석이나 판단을 할 수 없다. 그 지표들을 특징과 목적에 따라 대시보드에 분류하고 시각화했을 때, 비로소 지표가 갖는 의미를 해석할 수 있다. 요즘엔 화려한 그래픽과 그래프들을 제공하는 대시보드 툴이 많아지다 보니 데이터 분석가가 아니더라도 대시보드의 재료가 되는 로우 데이터 Raw data(2차 가공되지 않은 원본 데이터)만으로도 꽤 그럴싸한 대시보드를 만들 수 있다.

하지만 대시보드의 본질적인 목적은 정보의 '시각화'라기보다 현재 상태에 대한 빠른 진단과 그에 따른 의사 결정을 하기 위함이다. 이 점을 생각하면 대시보드의 형태는 단순한 엑셀 파일의 형태가 될 수도 있고, 화이트보드에 누군가 매일 업데이트하는 형태일 수도 있다. 다만 모든 진단에는 기준과 근거가 있듯이 단순히 데이터를 시각화했다고 해서 대시보드가 될 수는 없다. 팀의 비저빌리티를 높이기 위해 사용하는 대시보드라면 다음과 같은 기준을 충족해야 한다.

좋은 대시보드의 조건 ①
― 일관성

팀이 사용하는 대시보드라면 가장 먼저 대시보드에 사용되는 지표와 용어에 대한 정의가 선행되어야 한다. 많은 사람이 각자의 로우 데이터를 가지고 각자의 대시보드를 만들지만 그 지표에 대한 정의를 하지 않은 채 각자의 대시보드를 보며 각자의 기준으로 의사 결정을 한다. 가령 대시보드에 신규 유저를 통한 매출을 나타내고자 한다고 치자. 이때 무엇보다 선행되어야 할 작업은 여기서 말하는 신규 유저란 가입한 지 7일 이내의 유저를 의미하는 것인지, 구매 경험이 없는 유저를 의미하는 것인지 등 신규 유저에 대한 정의를 내리는 일이다.

스픽에는 지표 사전Metric dictionary이 존재한다. 이 문서에는 우리가 대시보드에서 사용하는 모든 지표에 대한 정의와 계산법이 표로 정리되어 있다. 대시보드를 보다가 모르는 지표가 나오면 이 문서에서 확인할 수 있을 뿐 아니라 누가 대시보드를 보더라도 모두가 같은 기준 위에서 대시보드를 보고 해석할 수 있다. ROASReturn On Ad Spend(광고 고 수익률)처럼 누군가에겐 익숙한 용어일지라도 이 지표가 익숙하지 않은 누군가를 위해 이 지표명이 어떤 의미를 나타내는지, 그 계산법은 어떠한지를 명확히 하는 것이다.

좋은 대시보드의 조건 ②
─실시간성

대시보드는 실시간으로 확인할 수 있어야 한다. 과거의 특정 기간 동안의 지표와 그 의미를 해석하는 일도 분명 의미가 있다. 하지만 우리는 그것을 리포트라 부르지 대시보드라 부르진 않는다. 대시보드로 비저빌리티를 높이기 위해서는 현재 비즈니스의 현황과 변화 추이를 실시간으로 확인하기에 용이해야 한다. 이를 위해서는 모든 로우 데이터가 매일 업데이트되어야 한다. 로우 데이터를 업데이트한다는 것은 가공되지 않은 엑셀 형태의 파일들을 다운받고 그것을 다시 내부 데이터베이스에 업로드하는 일로 크게 어려운 작업은 아니지만 어쩔 수 없이 시간이 든다.

스픽이라면 모든 로우 데이터 작업을 자동화해서 클릭 버튼 하나로 모든 작업이 완료될 것 같지만 그렇지 않다. 국내 매체 광고비, 인플루언서 광고비와 같은 비용들은 여전히 로우 데이터를 직접 수동으로 입력해 업로드하고 있다. 누구나 할 수 있고 한 번 할 때마다 많은 시간이 걸리지는 않지만, 매일 반복되어 우리의 리소스를 야금야금 잡아먹는 수동 작업들을 줄여야 한다고 생각하고, 스픽에서는 실제로 많은 수동 작업을 자동화하고 있다. 하지만 동시에 나는 이 로우 데이터를 업데이트하는 일이 절대 하찮은 일이라고 생각하지 않는다. 로우 데이터가 있어야만 모든 지표들이 실시간으로 대시보드에 나타나고, 그 위에서 모든 의사 결정도 가능하기 때문이다.

좋은 대시보드의 조건 ③
ㅡ 목적성

대시보드로 팀의 비저빌리티를 높이기 위해서는 어떤 상황에서 어떤 판단을 하기 위해 이 대시보드를 사용할 것인지 목적성을 명확히 해야 한다. 뚜렷한 목적성 위에서 만들어지지 않은 대시보드는 만들어진 순간에만 잠시 주목받다가 금세 잊히기 때문이다. 같은 비즈니스 대시보드라고 하더라도 이 대시보드를 나라별 매출을 분석할 때 사용하고 싶은지,

작년 대비 성장률을 비교하는 데 쓰고 싶은지에 따라 대시보드의 구성은 완전히 달라진다. 대시보드가 있기 이전에 내가 보고자 하는 지표와 그 지표를 어떻게 해석하고 어떤 의사 결정에 사용하고 싶은지 그 의도가 있어야 한다. 스픽에서 의도에 따라 대시보드를 만든 사례를 살펴보자. (다음에 제시하는 모든 그래프와 숫자는 실제 값이 아닌 임의의 값으로 작성되었다.)

- 의도 1: 우리가 LTV를 목표 대비 잘 달성하고 있는지 보고 싶어!

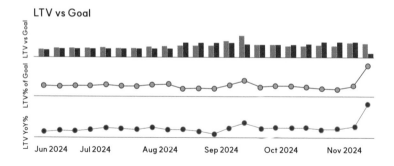

나라별 LTV 달성 대시보드 스크린샷

월마다 달성한 LTV 금액과 목표 대비 달성률을 파악

하기 쉽도록 그래프 형태로 대시보드를 만들고, LTV의 YOY를 함께 표시해 우리가 지난해 대비 잘 성장하고 있는지를 함께 확인할 수 있도록 했다.

- 의도 2: 현재 신규 가입자 수가 잘 늘어나고 있는지, 가입률은 안정적인지 보고 싶어!

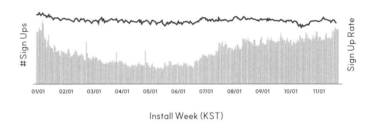

신규 가입자 수 대시보드 스크린샷

막대그래프를 통해 가입자 수의 트렌드를 확인할 수 있을 뿐 아니라 상단의 전환율 그래프를 통해 앱을 다운로드한 뒤의 가입 퍼널이 건강한지 확인할 수 있다.

- 의도 3: 현재 우리 앱에 가입하는 사람들이 어떤 플랫폼을 통해 들어오는지 궁금해!

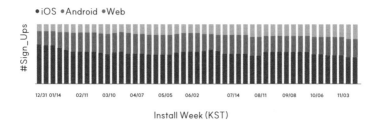

Install Week (KST)

위 그래프를 통해 우리 앱에 안드로이드 유저가 많아지는지, iOS를 사용하는 유저가 많아지는지 추이를 파악할 수 있다. 이 정보를 통해 서비스의 개선 방향 및 우선순위를 결정할 수 있다.

대시보드에는 본질적으로 눈에 잘 보이지 않는 것들을 눈에 보이게 하고, 올바른 기준 위에서 바른 의사 결정을 하고자 하는 의지가 담겨 있다. 이때 어떤 대시보드 툴을 사용하는지, 어떤 그래픽을 사용할지는 중요하지 않다. 명확한 기준 위에서 팀이 알고 싶은 정보들을 실시간으로 확인할 수 있으면 충분하다.

일관성, 실시간성, 목적성을 가지고 만들어진 대시보드는 팀 모두에게 결과에 대한 비저빌리티를 높이고 중요한 의사 결정의 기준이 되어준다. 대시보드를 구축하고 대시보드가 실시간으로 오차 없이 보여주는 정보를 매일 들여다보는 순간, 대시보드와의 대화는 시작된다. 때로는 대시보드가 '이대로라면 이번 달은 힘들겠어'라며 위험을 알려오기도 하고, 때로는 대시보드가 '여기에 대박 조짐이 보인다'라며 그린라이트를 보내오기도 할 것이다. 이것은 24시간 쉬지도 않는데다 셈에서 오차라곤 없는 아주 똑똑한 팀원 한 명을 하나 얻는 것과 같다. 궁금할 때마다 언제든 찾아가 물으면 내가 좋은 의사 결정을 할 수 있도록 답을 해줄 테니 말이다.

그뿐만이 아니다. 이 대시보드라는 팀원은 모든 팀에게 동일한 정보를 실시간으로 공유하는 식으로 모든 커뮤니케이션을 도맡는다. 그만큼 대시보드를 만드는 일은 수고롭고 많은 시간이 들지만 그 시간이 얼마가 걸리든 대시보드는 분명 만들 만한 가치가 있다. 잘 만든 대시보드의 효용은 팀에 두고두고 돌아오기 때문이다.

내가 한 일의 가시성을 높이는 리뷰 문화

대시보드를 통해 우리가 현재 어떤 상태인지에 대한 가시성을 확보했다면, 이제 내가 해왔던 일에 대한 가시성을 높일 차례다. 내가 해왔던 일에 대한 가시성은 어떻게 높일 수 있을까? 스픽은 이를 위해 리뷰(회고) 제도를 적극적으로 활용한다. 리뷰의 원칙은 단순하다. 계획하고 실행했다면 결과가 무엇이든 리뷰해야 한다. 이번 분기에 내가 하기로 했던 일들이 어떻게 진행됐는지, 그 결과가 어땠는지, 그를 통해 어떤 것을 배웠으며 다음 액션 아이템은 무엇인지 등이 모두 정리되고 공유되어야 한다.

실무자 입장에서는 목표를 설정한 순간부터 성적표처

럼 따라다니는 리뷰의 과정이 반갑지만은 않다. 일의 결과가 세웠던 목표에 못 미치기라도 하면 리뷰할 일이 벌써부터 걱정된다. 목표를 높게 세웠던 과거의 내가 원망스럽기도 하고, 리뷰 단계를 슬쩍 건너뛸 수 있는 방법을 생각해 보기도 한다. 하지만 모든 일이 다 성공할 수는 없다. 설령 실패했더라도 이를 통해 가설을 하나라도 검증했다면 그 일은 리뷰할 가치가 있다. 팀에 내가 했던 일의 가시성을 높이기 위해서만이 아니라 팀에 내가 배운 것들의 가시성을 높이기 위해서는 리뷰하는 과정을 꼭 거쳐야 한다.

스픽에서 10번이 넘는 플래닝과 30번이 넘는 먼슬리 리뷰를 경험하다 보니 지금은 내가 월별로 해야 할 일을 명확하게 계획하고, 그것에 기반해 리뷰하는 방식에 익숙해졌지만 처음엔 절대 그렇지 않았다. 분기별 리뷰를 준비할 때가 되면 늘 막막했다. 분명히 숨 가쁘게 달려왔는데 내가 그동안 어떤 일을 했는지, 그 일을 통해 어떤 성과를 만들었는지를 되돌아보면 아무것도 한 게 없는 것처럼 느껴졌다. 플래닝과는 상관없이 닥치는 대로 일을 하거나, 프로젝트를 시작만 하고 끝을 내지 못해 결과가 없는 경우도 허다했다. 하지만 2023년 5월, 새로운 지사장인 연승이 합류하고, 가장 많이 눈에 띄게 발전한 문화가 바로 리뷰 문화였다.

리뷰의 시스템화는 꼭 필요하다

아직 일어나지 않은 미래의 일을 상상하고 아이디어를 펼치는 과정인 플래닝은 어렵지만 분명히 즐거운 일이다. 하지만 리뷰는 그렇지 않다. 리뷰는 내가 이미 한 일을 다시 들춰보며 불편한 진실을 마주해야 하는 일인 데다 리뷰에는 자연스럽게 평가가 따르기 때문이다. 말이 리뷰이고 회고이지 내가 약속한 것들을 실제로 해냈는지에 따라 내년에 있을 인사고과 평가가 달라진다는 것을 부정할 수 없다. 그래서인지 리뷰는 누가 시키지 않으면 스스로 챙겨서 하기가 어렵다. 리뷰를 하지 않는다고 해서 당장 큰일이 나지 않을뿐더러 리뷰에 게으를수록 나의 못난 성과 역시 느슨하게 드러나기 때문이다. 그래서 과거의 우리는 이런저런 리뷰 시스템과 문서 템플릿을 시도했으나 망하기도 하고, 흐지부지되기도 했다.

우리가 그 숱한 시행착오를 통해 알게 된 것은 하나였다. 리뷰하는 문화를 만들기 위해서는 강제적인 시스템이 필요하다는 것, 리뷰에 있어서만큼은 자율성, 자발성이 아닌 강제성에 기대어야 한다는 것이었다. 팀은 프로젝트를 리뷰하는 주기와 방식을 결정하고 팀원은 그것을 철저히 따라야 한다. 스픽은 그 주기를 한 달로 정하고 매달 초가 되면 샌프란시스코 본사의 CEO 코너, COO인 콜튼과 함께 이전 달에 한 일에 대해 리뷰하는 미팅을 진행한다. 이 미팅만큼은 내가 거절할 수도, 미룰 수도 없다. 그 회의가 다가오면 우리는 하고 싶든 그렇지 않든 무조건 한 달 동안 내가 한 일을 회고하고 분석해야 한다. 이렇게 정기적인 미팅으로 팀원이 리뷰를 작성하도록 강제할 수는 있지만, 리뷰가 진짜 문화가 되고 팀의 비저빌리티를 높이는 시스템이 되려면 강제성 이외의 것이 필요하다.

누구나 자신이 한 일의 결과를 정리하고 공유해야 한다는 사실을 안다. 다만 그것이 매일 운동을 하는 것만큼이나 지속하기 어려울 뿐이다. 무엇이든 지속 가능하려면 쉬워야 한다. 리뷰가 쉬워지려면 먼저 플래닝이 잘되어 있어야 한다. 우리가 어떤 일을 어떻게 하기로 했었는지가 명확해야만 어떤 것을 리뷰해야 할지도 명확해지기 때문이다. 플래닝 단계에서 목표와 이니셔티브, 이니셔티브를 달성하기 위한 액션 아이템, 액션 아이템을 통해 달성하고자 했던 KPI가 잘 정리되어 있다면 리뷰를 할 때에는 각각의 이니셔티브마다 어떤 액션 아이템이 진행됐고, 그 결과 얼마만큼의 목표를 달성했는지만 작성하면 된다. 아무것도 없는 백지에서 내가 한 모든 일을 리뷰를 하라고 하면 어디서부터 리뷰를 시작해야 할지

목표	1. 전사의 방향대로 잘 왔는가? 2. 하이레벨 지표는 달성됐는가?

전략	3. 문제 설정: 우리가 해결하고자 하는 문제를 해결했는가? 4. 이니셔티브 설정: 문제를 해결하기 위한 이니셔티브는 무엇이었는가? 5. 액션 아이템: 이니셔티브를 달성하기 위한 액션 아이템은 잘 수행됐는가? 6. 핵심 지표: 이를 통해 우리는 어떤 결과를 달성했는가?

이니셔티브 설정부터 액션 아이템까지 리뷰 형식 및 순서

막막하기만 하다. 하지만 내가 출발하기 전에 그려두었던 지도를 따라 내가 잘 왔는지만 확인한다면 모든 것은 쉬워진다.

리뷰에 가장 직관적인 툴, 신호등 트래킹

아무리 리더라고 해도 팀에서 일어나는 모든 프로젝트를 실무자만큼 세세하게 파악하고 있을 수 없다. 실무자들

● 달성도 90퍼센트 이상

○ 달성도 60퍼센트 이상, 90퍼센트 미만

● 달성도 60퍼센트 미만

초록색, 노란색, 빨간색의 신호등 트래킹

이 아무리 자신이 한 일을 자세하게 작성하고, 분석을 꼼꼼하게 하더라도 리더들이 궁극적으로 가장 궁금한 것은 '그래서 이 프로젝트가 잘되고 있나?', '내가 안심해도 되는가?'이다. 스픽은 모든 이니셔티브와 프로젝트의 제목 앞에 신호등 색깔의 이모티콘을 붙여 프로젝트의 현황을 직관적으로 파악하도록 한다. 우리는 이를 '신호등 트래킹'이라 부른다. 신호등 트래킹은 리뷰 문서에서 유용하게 사용할 수 있는 장치다.

신호등 트래킹을 보다 더 구체적으로 설명하자면, 위의 그림처럼 색깔 동그라미를 통해 현재 이 프로젝트가 문제없이 진행되고 있는지, 막혀 있는지, 진행이 잘 안 되고 있는지를 한눈에 직관적으로 파악하게 하는 장치다. 스픽에서 리뷰 문서를 작성할 때에는 프로젝트마다 신호등 표시와 함께 프로젝트의 상세 내용을 문서로 작성한다. 그리고 한 달에 한 번 먼슬리 리뷰 회의가 열리면 모두가 그 문서를 20분간 정독하는 것으로 회의를 시작한다. 문서를 읽으며 궁금한 것들은 댓글로 남기거나, 함께 논의할 디스커션 아이템으로 따로 분류한다.

1시간이라는 미팅 시간 동안 모든 프로젝트를 의논하기는 어려우므로 대부분의 디스커션 시간에는 신호등 표시가 노란색이거나 빨간색인 프로젝트들에 대한 논의가 이어진다. 한 달에 1시간밖에 되지 않는 이 시간을 통해 리더는 팀에서 진행 중인 프로젝트가 무엇인지 각각의 프로젝트의 현황뿐 아니라 해결해야 하는 문제들과 그 대책들까지 빠르게 파악할 수 있다. 리뷰를 하는 입장에서도 내가 한 달간 해온 일을 빠르게 가시화할 수 있다.

솔직하게 말하면 매달 리뷰를 작성하는 데에는 실무를 하는 것 이상으로 시간과 에너지가 든다. 내가 한 달간 했던 일을 단순히 나열하는 것이 아니라 그 성과를 분석해야 하고, 그 결과를 확인할 수 있는 대시보드가 만들어져 있지 않다면 대시보드까지 만들어야 하며, 그 배움과 해석들이 다음 달의 계획에 반영되어야 하기 때문이다. 하지만 먼슬리 리뷰는 팀 간의 프로젝트 비저빌리티를 높여줄 뿐 아니라 내가 하는 일의 비저빌리티를 나 스스로에게 높여주는 역할을 하기도 한다.

리뷰 문서를 작성하면서 내가 요즘 어떤 일에 얼마만큼의 리소스를 사용하고 있는지를 파악할 수 있기 때문이다. 내가 진짜 집중해야 하는데 집중하고 있지 못한 일이 무엇인지를 발견하게 되기도 한다. 그뿐만이 아니다. 리뷰 문서를 작성하는 과정에서 내가 했던 일의 의미를 새롭게 발견하기도 하고, 먼슬리 리뷰에서 주고받은 피드백이 풀리지 않던 문제의 힌트가 되어주기도 한다.

여전히 먼슬리 리뷰에서 내가 잘해낸 일뿐만 아니라 잘해내지 못한 일에 대해 보고하는 것, 날 선 질문들을 받는 것은 아무리 시간이 지나도 익숙해지지 않는 부분이다. 하지만 한 달에 한 번 그 지독한 과정을 통과하고 나면 지난달의 나보다 훌쩍 성장한 나를 만나게 되리라는 사실을 나는 분명히 안다. 모든 일은 플래닝에서 시작되어 리뷰로 끝난다. 리더에게 보고하기 위해서가 아니라 팀과 나의 성장을 위해 리뷰 시스템을 만들자. 우리는 좋은 성과를 낼 때 성장하는 것이 아니라 어떤 성과든 회고하고 분석했을 때 성장한다.

지금까지 로우 에고 프로페셔널리즘의 개념과
그것의 생존 전략 및 성장 전략을 살펴봤다.

이번 장에서는 앞서 설명한 내용들을
실전에서 바로 적용할 수 있도록
스픽에서 실제로 빈도 높게 사용하는
문서 템플릿 양식 4종을 공유하고자 한다.

이 템플릿들을 통해
업무의 탁월성, 확실성, 가시성을
한층 더 끌어올리는 마법을 경험하기를 바란다.

4장

로우 에고 프로페셔널리즘의 실전 문서 템플릿

LOW-EGO PROFESSIONALISM WORK TEMPLATES

• 이 장에 제시된 표나 문서(템플릿) 안의 모든 숫자는 독자들의 이해를 돕기 위해 저자가 임의로 작성한 숫자로 실제 스펙의 수치와는 무관함을 밝혀둡니다.

플래닝
템플릿

스픽에서의 플래닝은 분기마다 이루어진다. 모든 팀은 각 팀의 분기별 목표와 전략이 포함된 플래닝 문서를 작성해 전사에 공유한다. 모든 분기의 첫 단추와 같은 역할을 하는 플래닝 문서는 리더가 혼자 작성하지 않고 팀원들과 아래의 템플릿을 채워가며 함께 완성해 나간다. 이 템플릿을 채우는 과정에서 팀원들은 우리가 이번 분기에 달성해야 하는 것이 무엇이고, 어떤 방향을 향해 나아갈 것인지에 대해 스스로 고민할 수 있는 기회를 얻는다.

스픽 한국 지사의 마케팅 팀이 사용하는 플래닝 문서는 개인이 매일 해오던 일을 하나의 문서에 취합한 것이 아니라 팀의 목표를 달성하기 위해 우리가 해결해야 하는 문제가 무엇인지 문제를 설정하는 것에서부터 시작된다. 문제를 설정하고 나면 문제를 해결하기 위해 우리가 취할 전략의 방향성(이니셔티브)과 액션 아이템이 정해진다. 이 액션 아이템이 정해지고 나면 이를 통해 달성해야 할 목표까지 정할 수 있게 된다.

이 과정에서 필요에 따라 내가 해오던 일의 우선순위가 낮아질 수 있다. 또는 지금까지 하지 않았던 일들을 새롭게 시작해야 할 수도 있다. 다음의 자료는 실제 마케팅 팀의 2분기 플래닝 문서 템플릿이다. 이 예시를 통해 플래닝 문서를 작성하는 실전 감각을 익혀보자.

마케팅 팀 2분기 플래닝 템플릿 예시

👤 Jian Kim

★ 북극성 지표: 유료 구독자를 2만 명 확보한다

담당 채널	유료 구독자 목표	예산
페이드 마케팅	1만 명	5000만 원
인플루언서	5000명	3000만 원
CRM	5000명	1000만 원

팀이 달성할 최종 목표(북극성 지표)를 상단에 작성하고, 그 목표를 다시 한번 마케팅 채널별로 쪼개어 각 채널이 얼마큼의 목표를 달성해야 하는지를 시각화합니다.

테마 1. 페이드 마케팅 최적화 / 담당자: 김지안

테마 영역에서는 각 채널마다 해결해야 하는 상위 문제를 해당 테마를 책임질 담당자를 지정합니다.

- **문제 설정**: 현재 페이드 마케팅의 예산이 웹 캠페인에 집중되어 있고, 유료 광고의 오디언스(시청자)가 20대 중반에서 30대 초반까지의 여성으로 한정되어 있다.
- **문제 해결을 위한 이니셔티브**: 광고 소재 테스트를 통해 페르소나를 확장하고, 앱 캠페인을 효율적으로 확장한다.
- **프로젝트(액션 아이템)**: 페르소나별 랜딩 페이지 제작 및 효율이 우수한 소재를 발굴한다.
- **프로젝트의 성공 지표**: 총 5개의 페르소나 발굴 및 무료 체험당 단가 $20 이하의 소재를 발굴한다.

프로젝트의 성공 지표는 프로젝트가 끝났을 때 성공 여부를 판가름하기 위해 필요한 것으로 최대한 객관적인 지표를 설정하는 것이 좋습니다.

2. 인플루언서 캠페인의 확장 / 담당자: 최세린

- **문제 설정**: 지난 1분기 동안 인플루언서 캠페인의 가능성은

확인했지만, 인플루언서 콘텐츠 발행이 특정 달에만 집중되어 있어 안정적인 매출 확보가 어렵다.

- **문제 해결을 위한 이니셔티브**: 내부 리소스를 충원하고, 외부 대행사를 통해 인플루언서 콘텐츠가 매달 발행되도록 한다.
- **프로젝트(액션 아이템)**: 인플루언서 인턴을 채용하고 협업 대행사를 선정하여 협업 프로세스를 구축한다.
- **프로젝트 성공 지표**: 인턴 5명을 채용하고 매달 10건 이상의 인플루언서 콘텐츠를 발행한다.

설정한 문제에 따라 액션 아이템은 채용이 될 수도 있고, 프로세스를 개선하는 일이 될 수도 있습니다.

3. 기존 유저의 재활성화 / 담당자: 정민규

- **문제 설정**: 현재 스픽 앱을 설치했지만 활동하고 있지 않은 유저를 다시 활성 유저로 전환시킬 수 있는 방법이 필요하다.
- **문제 해결을 위한 이니셔티브**: 앱의 비활동 유저를 위한 재활

성 캠페인을 운영한다.

- **프로젝트(액션 아이템)**: 스픽의 신규 기능이 출시되기 전에 먼저 경험할 수 있는 프로모션을 기획하고, 참여자에게 경품을 증정한다.

- **프로젝트 성공 지표**: 비활성 유저들의 재활성율을 20% 개선한다.

팀의 상황에 따라 테마는 여러 개가 될 수 있지만 최대 다섯 개를 넘지 않도록 합니다. 많은 테마가 있을 경우 최상단에서 설정한 상위 목표를 달성하는 데에 효과가 클 것이라 기대되는 프로젝트를 기준으로 우선순위를 설정합니다.

2분기가 끝날 때에는 이런 모습이 되어 있어야 합니다.

마지막으로는 우리가 세운 플래닝을 모두 수행하고 성공시켰을 때 만나게 될 최종 모습을 작성합니다. 이 과정을 통해 모든 팀원들은 자신이 한 분기 동안 완성할 모습에 대한 가시성을 높일 수 있습니다.

1. 페이드 마케팅

다양한 페르소나별로 베스트 크리에이티브가 최소 5개씩은 발굴되어 웹 캠페인뿐만 아니라 앱 캠페인에도 페이드 마케팅의 예산 40% 이상이 사용되어야 한다.

2. 인플루언서 마케팅

인턴 5명 채용을 완료하고, 외부 대행사와 함께 매달 10건의 인플루언서 콘텐츠가 발행되고 있어야 한다.

3. 기존 유저 마케팅

활성화 프로모션을 통해 비활성화 유저의 재활성율이 20% 개선되고, 내년도 1분기 활성화 프로모션을 위한 인사이트를 획득한 상태여야 한다.

프로젝트 문서
템플릿

전체 플래닝 문서에서 팀의 목표를 달성하기 위해 우리가 분기 동안 진행할 프로젝트가 도출됐다면 그다음으로는 프로젝트 문서를 작성할 차례다. 프로젝트 문서는 프로젝트당 한 개의 문서로 정리하되, 각각의 프로젝트 문서들을 한곳에 모아 팀에서 진행하는 모든 프로젝트들이 한눈에 보일 수 있도록 한다.

프로젝트 문서는 프로젝트를 시작하기 이전에 만들어지지만, 프로젝트가 진행됨에 따라 아래의 템플릿이 하나씩 채워지며 프로젝트의 결과와 거기에서 얻은 배움들까지 모두 하나의 문서에 정리된다. 프로젝트 문서는 프로젝트를 진행하는 데에 있어 든든한 나침반 역할을 할 뿐만 아니라 프로젝트에 참여하지 않는 팀원들의 이해도를 높여주기도 한다. 또한 추후 다른 팀에서 비슷한 프로젝트를 하고자 할 때 가이드가 되어주기도 한다.

다음의 자료는 스픽에서 '언락 캠페인' 프로젝트를 진행할 때 작성했던 프로젝트 문서 템플릿이다. 참고로 언락 캠페인은 스픽 앱의 재활성화를 목표로 스픽을 사용하지 않는 유저에게 어떤 결제 정보도 요구하지 않고 2주간 스픽을 무료로 제공한 캠페인이다. 이 예시를 통해 프로젝트 문서 작성법에 대해 배워보자.

언락 캠페인 프로젝트 문서 템플릿 예시

👤 Jian Kim

[Project One-liner] 프로젝트 한 줄 설명

- 12월 글로벌 언락 캠페인을 통해 장기간 비활성 상태인 사용자에게 스픽의 업데이트를 알리고 무료 체험 기회를 제공하여 비활성 사용자를 다시 활성화시키는 것이 프로젝트의 목표입니다.

프로젝트에 대해 전혀 모르는 사람이 읽어도 이 프로젝트가 어떤 프로젝트인지 이해할 수 있도록 프로젝트를 한 줄로 설명합니다.

[Why] 프로젝트를 진행하는 이유

(어떤 문제를 해결하고 있나요?)

- **스픽을 위해**: 현재 전체 유저의 20%가 휴면 유저로 언락 캠페인을 성공적으로 실행하여 장기간 비활성 상태인 사용자를 다시 활성화하여 매출을 성장시킵니다.
- **사용자를 위해**: 스픽을 더 이상 사용하지 않는 장기 휴면 사용자를 대상으로 스픽의 업데이트 및 개선 사항을 무료로 경험할 수 있는 기회를 제공합니다.

이 프로젝트를 통해 해결하고자 하는 문제 또는 이 프로젝트를 통해 회사 또는 고객이 얻을 수 있는 혜택을 작성합니다.

[Goal] 프로젝트를 통해 달성하고자 하는 목표

- **정성적 목표**: 12월에 언락 캠페인을 성공적으로 론칭합니다.
- **정량적이고 측정 가능한 목표**: 장기 휴면 대상자를 재활성화 Reactivation하고, 이후 프로모션을 통해 프로모션 전체 매출의 20%를 재활성화 유저를 통해 확보합니다.

이 프로젝트가 끝났을 때 달성해야 하는 목표를 작성합니다. 목표는 진행 여부와 같은 정성적 목표와 숫자로 증명할 수 있는 정량적 목표로 작성할 수 있습니다.

[Hypothesis] 프로젝트를 통해 검증하고자 하는 가설

- 현재 활동하지 않는 유저가 스픽 앱을 다운로드 하고 스픽의 새로운 업데이트 및 개선 사항을 경험하게 하면 다시 스픽을 사용하는 유저로 활성화될 것이다.

이 프로젝트를 통해 검증하고자 하는 가설을 작성합니다. 이 가설은 위에서 설정한 문제를 해결하는 데에 이 프로젝트가 도움이 될 것이라고 믿는 근거이기도 합니다.

[Plan & Timeline] 프로젝트를 기한 내에 마치기 위해 필요한 것들

- **유관 부서**: 글로벌 CRM 담당자 및 본사의 PM들
- **고려해야 할 위험 요소**: 12월에 실행하기 위해서는 제품 개발을 위한 시간이 부족함
- **주요 타임라인**:
  - 11월 1주: 언락 캠페인에 대한 기획 및 테스트 계획
  - 11월 3주: 포맷과 메시지에 대한 테스트 완료
  - 12월 1주: 휴면 고객에게 전송할 메일 콘텐츠 작성
  - 12월 2주: 언락 캠페인 론칭

기한 내에 프로젝트를 성공적으로 수행하기 위해 미리 고려해야 할 팀 내 인력 상황 및 리스크 등을 미리 파악하고, 주차별로 완료되어야 하는 일들의 타임라인을 작성합니다.

[Meeting note] 프로젝트 관련 회의 내용들

▶ 10월 15일: 언락 캠페인 기획 회의록

▶ 10월 22일: 언락 캠페인 피저빌리티 체크 회의록

▶ 10월 29일: 언락 캠페인 테스트 가설 논의 회의록

프로젝트를 진행하는 과정에서 회의가 생길 경우 이 영역에 회의록을 작성하여 프로젝트의 진행 상황 및 논의 사항을 확인할 수 있도록 합니다.

[Result&Learning] 프로젝트를 통해 얻은 결과 및 배움들

- **결과**
  - 언락 캠페인을 통해 장기 휴면 고객 중 20%를 다시 활성화하는 데에 성공했습니다. 이후 새해 프로모션을 통해 총 목표했던 매출의 102%를 달성했습니다.

- **프로젝트를 통해 얻은 인사이트**

1. 장기 휴면 고객이 앱으로 돌아와 앱을 다시 사용하게 하는 것은 추후 유료 고객으로 전환하는 데에 큰 영향을 미칩니다. 언락 캠페인에 참여하지 않은 유저는 5%만 전환된 반면, 언락 캠페인에 참여한 유저의 전환율은 30%에 달했습니다.

2. 스픽을 구독한 사용자의 40%가 구독 전에 언락 또는 무료 체험을 경험한 반면, 아직 구독하지 않은 휴면 고객의 경우 12%만이 스픽을 사용해 본 것으로 나타나 구매 전에 제품을 체험하는 것이 전환의 중요한 요인이며, 따라서 무료 체험에 대한 장벽을 낮추는 것이 구매에 중요한 요소임을 알 수 있었습니다.

3. 언락 체험 기간 중 모든 레슨 유형 중에서 동영상 레슨이 가장 인기가 많았는데, 이는 앱을 이제 막 다운로드 받은 사용자에게 처음 보이는 레슨이 동영상 레슨이기 때문일 수 있습니다. 시작 또는 완료한 레슨 수가 0개에서 1개로

늘어날 때 구독 전환이 확실히 증가했지만 더 많은 레슨을 수강할수록 전환 가능성이 높아진다는 증거는 없었습니다.

이 영역은 프로젝트를 완료한 후에 작성하는 영역으로 프로젝트의 목표를 달성했는지 여부와 프로젝트 분석 결과 및 인사이트들을 정리해 팀원들에게 공유합니다.

분기 리뷰
템플릿

　　스픽에서는 매달 내가 어떤 프로젝트를 진행했고, 그 것의 결과가 어땠는지를 회고하는 먼슬리 리뷰 미팅과 분기 단위로 진행되는 분기 리뷰 미팅이 있다. 매달, 매 분기마다 리뷰 문서를 작성해야 하는 시기가 돌아올 때마다 내가 세웠던 목표와 가설들을 점검하고, 그 결과에 따라 다음 달과 다음 분기의 목표를 설정하게 된다.

　　리뷰 문서는 플래닝 문서를 잘 작성했다면 그 포맷이 플래닝 문서와 크게 다르지 않다. 하지만 리뷰 문서는 사후에 작성되는 것이기 때문에 그 결과와 배움들을 작성하는 부분 이 더욱 중요하다. 또한 리뷰 문서를 작성하고 공유하는 것은 내가 지난 한 달 또는 한 분기 동안 해왔던 일들의 가시성을 높일 수 있는 절호의 기회다. 따라서 회사의 누가 읽어도 내가 무슨 일을 했으며 그 결과가 어땠는지, 그 결과를 바탕으로 앞으로 어떤 일을 할 것인지가 명확히 드러나야 한다. 다음의 자료는 실제로 지난 3분기에 사용했던 리뷰 템플릿의 일부 내용에서 숫자만 임의로 바꾼 것이다. 이 예시를 통해 리뷰 템플릿을 작성하는 방법을 알아보자.

마케팅 팀 3분기 리뷰 템플릿 예시

👤 Jian Kim

3분기 목표 달성도

- **신규 유료 구독자**: 2만 명 (목표 대비 84.3% 달성. +39% YoY)

- **전체 매출**: $2M (90% 달성, +62% YoY)

- **ROAS**: 300% (vs. ROAS 목표 400%)

월별 달성도

		Jul	Aug	Sep	Total
유료 구독자 수	목표	4,000	6,000	10,000	20,000
	달성 현황 (vs. 목표)	3,542 (88.5%)	5,198 (86.6%)	8,122 (81.2%)	16,862 (84.3%)
전체 매출	목표	$0.5M	$0.5M	$1.0M	$2M
	달성 현황 (vs. 목표)	$0.44M (88.4%)	$0.47M (94.2%)	$0.89M (89.5%)	$1.80M (90%)

상단에는 팀 레벨로 달성하고자 했던 목표의 결과를 작성합니다. 한 분기를 리뷰하는 경우 월별 달성도를 작성해 월별 트렌드를 한 눈에 파악할 수 있도록 합니다.

● 테마 1: 신규 유저 확보를 위한 새로운 캠페인 발굴

플래닝 단계에서 세웠던 테마별로 리뷰를 작성합니다. 테마 이름 앞에는 신호등 트래킹을 활용하여 해당 테마가 80퍼센트 이상 달성됐다면 초록색, 60퍼센트 이상 80퍼센트 미만 달성했다면 노란색, 60퍼센트 미만을 달성했다면 빨간색 동그라미로 표시합니다. 또한 플래닝 단계에서 세웠던 테마별로 목표, 가설, 결과와 배움, 다음 단계 순으로 정리합니다.

- **목표**
  - 오픽OPIc 문제를 풀고 예상 오픽 점수를 확인하는 오픽 퀴즈 캠페인을 통해 가입당 단가가 $7 미만인 신규 가입 유저를 확보한다.

프로젝트를 통해 달성하고자 했던 목표를 작성합니다.

- **검증하고자 했던 것(가설)**
  - 오픽 예상 점수에 관심 있는 사람들은 영어에 관심이 있는 사람들로 오픽 퀴즈를 풀기 위해서라도 가입을 더 많이 할 것이다.

프로젝트를 통해 검증하고자 했던 가설을 작성합니다.

- **결과와 배움**
  - 오픽 퀴즈 형태는 낮은 가입당 단가($5)와 높은 CTR(2.52%)을 보여 목표는 달성했지만, 가입 이후에 실제 구매 전환은 일어나지 않았습니다. 오픽 퀴즈를 활용한 신규 유저 확보는 구매 의향이 낮은 사용자로 이어졌다는 결론을 내렸습니다.

분기 동안 프로젝트를 진행하며 얻은 성과 및 테스트를 통해 얻은 인사이트를 작성합니다.

- **다음 단계**
  - 구매 의향이 낮은 사용자를 워밍업하여 최종 구매로 유도할 수 있는 경로를 추가로 탐색합니다.

프로젝트의 결과 및 배움을 고려했을 때 다음 단계로 해야 할 일을 작성합니다.

● 테마 2: 인플루언서 캠페인의 확장

- **목표**
  - 3분기 동안 $100,000의 매출에 기여합니다. (ROAS는 150%)
  - 새로운 포맷(숏폼 및 라이브)과 마케팅 소구 포인트에 대한 실험을 진행하여 최적의 2025년 1월 포트폴리오 전략을 수립합니다.

- **검증하고자 했던 것(가설)**

  1. 유튜브 인플루언서 콘텐츠의 포맷이 30초 미만의 숏폼 형태의 영상일 때 더 높은 조회수를 확보할 수 있다.

  2. 인플루언서가 스픽의 AI 튜터 외에 스픽의 영어 표현 수업을 마케팅 소구 포인트로 홍보하면 더 높은 ROAS를 달성할 수 있을 것이다.

- **결과와 배움**

결과

  ○ 3분기 동안 225%의 ROAS 및 $150,000의 매출을 달성했습니다. (매출표 대비 150% 달성)

정량적인 목표를 세웠을 경우, 목표 대비 얼마나 달성했는지까지 작성합니다.

숏폼 관련 인사이트

- 섬네일: 기존 인플루언서의 섬네일과 일관성을 유지합니다.

숏폼 인플루언서 중 조회수가 저조했던 인플루언서를 분석한 결과, 스픽과 협업한 영상의 섬네일과 해당 인플루언서가 기존에 업로드하던 영상의 섬네일이 일관성을 유지해야 평균 조회수를 얻을 수 있었습니다. 가장 높은 전환율을 보인 숏폼의 콘텐츠를 분석한 결과, 롱폼 영상보다 훨씬 빠른 호흡의 영상이 높은 전환율을 보였습니다.

- 숏폼에서는 콘텐츠의 빠른 호흡이 중요합니다.

정량적인 결과 이외에도 정성적인 결과를 함께 작성하면 추후 다른 팀원들이 비슷한 프로젝트를 시작할 때 해당 인사이트를 반영할 수 있습니다.

○ 마케팅 소구 포인트 관련 인사이트

2년 연속 모든 인플루언서는 스픽의 소구 포인트 중에서도 프리톡 기능만을 홍보했습니다. 지난 3분기에는 인플루언서 콘텐츠에 기존에 사용했던 AI 레슨 외에도 영어 초보자를 위한 동영상 레슨을 홍보했고, 그 결과 1.5배 높은 ROAS를 확인할 수 있었습니다.

● **다음 단계**
  ○ 인사이트들을 토대로 인플루언서 콘텐츠 제작 가이드를 수정합니다.
  ○ 유튜브 숏폼 외에도 인스타그램과 틱톡 인플루언서의 숏폼 협업을 진행합니다.
  ○ 마케팅 팀과 연계하여 추가적인 마케팅 소구 포인트 테스트를 진행합니다.

AB 테스트 문서
템플릿

AB 테스트는 가설을 세우고 그것을 테스트하고 시그널을 찾아 스케일업 하는 이터레이션 사이클을 반복할 때 가장 쉽게 사용할 수 있는 테스트 방식 중 하나다. 전체 사용자를 하나의 가설을 기준으로 A그룹과 B그룹으로 나누고, A그룹과 B그룹 중 어떤 그룹이 더 우수한 결과를 보이는지 확인하는 것이다. 물론 모든 가설을 AB 테스트로 확인할 수는 없다. 하지만 AB 테스트는 새로운 기능을 론칭하거나 상세 페이지를 최적화할 때에 잘못된 의사 결정으로 인한 팀의 리스크를 줄여준다.

그렇기에 어떤 의사 결정을 하기에 앞서 AB 테스트를

통해 아이디어를 검증할 때에는 과학자가 실험을 설계하는 것처럼 엄격한 기준 위에서 테스트가 진행되어야 한다. 즉, A 안과 B안을 구분할 수 있는 명확한 변수가 있어야 하며, 그 변수에 따른 결과를 측정할 수 있는 명확한 지표와 검증 방식이 있어야 한다. A안과 B안의 결과에 차이가 없음을 확인하는 것도 의미가 있으므로 가설에는 성공과 실패가 없다. 하지만 뚜렷한 결과가 나왔는데도 불구하고 너무 많은 변수 혹은 모호한 검증 방식 때문에 결과를 해석할 수 없다면 AB 테스트는 실패로 돌아가게 된다.

다음의 AB 테스트 템플릿은 실제로 스픽의 데이터 분석가들이 사용하는 것으로 스픽의 모든 AB 테스트는 이 형식을 따른다. AB 테스트가 처음이라 막막하다면 템플릿의 순서에 따라 그 항목을 채워보자. 직관적인 결과를 얻을 수 있을 뿐 아니라 하나의 테스트가 다음 테스트로 이어지며 AB 테스트의 정수를 경험할 수 있을 것이다.

[Formulate hypothesis] 가설 설정

사용자가 상세 페이지에서 이탈하고자 하는 순간에 해당 상세 페이지에서만 받을 수 있는 혜택을 강조하는 팝업 배너를 표시하면, 이탈하려던 사용자 중 일부가 랜딩 페이지에 머무르며 최종 구매 전환율이 개선될 것입니다.

AB 테스트를 통해 검증하고자 하는 가설을 작성합니다. AB 테스트를 위한 가설은 테스트가 종료됐을 때 A안과 B안 중 어떤 안이 이겼는지, 그 이유가 무엇인지 명확히 알 수 있도록 작성해야 합니다.

[Design experiment] 실험 설계

A. 통제 그룹: 실험에 노출되지 않는 그룹
팝업 배너를 보지 않음

B. 테스트 그룹: 실험에 노출되는 그룹

사용자가 상세 페이지에 진입한 후 20초가 지난 뒤 이탈 시그널 (빠른 속도로 스크롤을 올리는 행위)이 감지되면 팝업을 표시합니다.

성공 지표: 랜딩 페이지를 보고 난 뒤 최종 구매까지 전환율 차이

AB 테스트를 진행함에 있어 가설을 검증할 테스트 그룹과 기준이 되는 통제 그룹을 어떻게 설정할지, 테스트의 승자를 어떤 지표를 기준으로 결정할지에 대해 미리 계획합니다.

[Analyze results] 분석

데스크톱: 이탈 시도 후 팝업 배너에 노출 된 테스트 그룹이 그렇지 않은 통제 그룹보다 2배 높은 전환율을 보였습니다.

모바일: 테스트 그룹과 통제 그룹 사이에서 유의미한 전환율 차이가 발견되지 않았습니다.

이 영역부터는 테스트 종료 이후에 작성됩니다. 테스트 시작 이후 통계적으로 유의미한 실험 모수가 확보됐을 때 통제 그룹과 테스트 그룹의 결과를 비교합니다.

[Take action] 실행

데스크톱에서만 사용자가 이탈 시그널을 보였을 때, 이탈을 방지하기 위한 팝업 배너를 보여줍니다.

실험 결과를 바탕으로 테스트한 기능을 모든 사용자 대상으로 출시할지 혹은 더 많은 테스트를 통해 전환율을 더 개선할지 등 실험 결과를 통해 내린 결론을 작성합니다.

틀려라,
트일 것이다

초판 1쇄 발행   2025년 2월 25일

지은이   김지안
펴낸이   권미경
기획·편집   김효단
마케팅   심지훈, 강소연, 김재이
디자인   studio forb

펴낸곳   (주)웨일북
출판등록   2015년 10월 12일 제2015-000316호
주소   서울시 마포구 토정로 47 서일빌딩 701호
전화   02-322-7187   **팩스**   02-337-8187
메일   sea@whalebook.co.kr   **인스타그램** instagram.com/@whalebooks

소중한 원고를 보내주세요.
좋은 저자에게서 좋은 책이 나온다는 믿음으로, 항상 진심을 다해 구하겠습니다.